婚活は「がんばらないほうが」うまくいく

大切なご縁を最速で形にする成婚塾

婚活分析アドバイザー
婚活初心者専門コンサルタント
三島光世

まえがき

がんばらないほうが、結婚の「ご縁」をつかめます

人は過信する動物である、と言われています。

心理学で「レイク・ウォビゴン効果」と言われているものがあるそうです。

ようは、人は「自分はほかの人と比べると平均以上である」と、自己評価を過大にとらえてしまいがちだということです。

じつは、これは婚活にも当てはまります。

むしろ、**結婚に対してこそ、自己評価を過大に見積もってしまいがち**なのです。

とくに婚活において、そうなりがちなのはなぜでしょうか？

私は「婚活分析アドバイザー」として、これまで約４００組ものカップルを成婚に導いてきました。おかげさまで、テレビや雑誌といった各種メディアに出演・執筆したり、

「婚活初心者専門コンサルタント」として新しい事業も始め、忙しい日々を送っています。

そんな私から見て「婚活では自分を過大評価しやすい」と感じています。その原因は考え方にあります。

たとえば、行きたい学校があっても、試験に落ちたらほかの学校に行けます。就活でも同じです。第1希望の企業に就職できなくても、第2希望で就職することができますよね。それなのに結婚だけ、それができないという人が、この世の中にはたくさんいるのです。

20代の方はともかくとして、30代になっても何の根拠もなく、自分は結婚できるだろうと思っていたり、婚活さえすれば結婚できるだろうと思っていませんか？

でも、実際に婚活をすると、意外にも自分は婚活市場での価値が低いことがわかったり、お見合いを繰り返しても、結婚にいたらないことも多いことがわかったりします。

なかには**「婚活沼」にハマって、婚活が予想以上の長期に及んだり、なかなかうまくいかなくて精神的にまいったりして、「婚活疲れ」を起こす**方も珍しくありません。

それなのに、ほとんどの方が、自分のことはさておき、お相手の欠点ばかりを指摘しはじめます。

あなたの大切な結婚相手となりえる異性、あなたのまわりにいる独身はその方々しかいないのに、男女ともお互いを攻撃しはじめるのです。

正直なところ、私のような婚活サポーターは、冷静かつ客観的に、バランスよく見ているため、つねづね「いやいや、あなたも欠点だらけでしょ?」と思っています。

人間、誰だって欠点だらけなのです。

でも、そんな心の声は、もちろん表には出しません。ということは、誰も言ってくれないということ。自分で気づいていくしかないのです。

誰かに言われないとわからない、これは婚活では致命的です。

まずは、自分を振り返ることからはじめましょう。

婚活疲れをしていない人のシンプルな戦略とは?

なぜ婚活をしても結果があらわれず、婚活疲れを起こしてしまうのでしょうか?

それは、根本的な視点がずれたまま、婚活と向かい合っているからです。

たとえば、出会いをつくれば結婚できると思っている人！

じつはそれは大間違いです！

結婚に「出会いの数」は重要ではありません。

たとえ、あなたが理想とする人と出会えたとしても、その人はすでに結婚していることもありえますし、どんなにアプローチしても振り向いてもらえないこともありえます。

もしくは、そもそも理想どおりの人なんていない、ということもあるでしょう。

それでも、あなたが抱いている理想を追いかけ、出会いの数をひたすらこなしてしまうわけです。

でも、婚活で結婚できる人は、じつは「むやみやたらに出会いの数をこなしているわけではない」のです。

恋愛と結婚で異なる決定的な要素

婚活している方の年齢は、20代後半から30代後半がメインゾーンです。

20代後半から30代後半にもなれば、自分の価値観が固まっている人が多いでしょう。その間、誰かとおつき合いしてきたという方もいると思います。

しかし、結婚を意識しないおつき合いというのは、お互いに気持ちのいい関係でしかありません。

もちろん「交際していても、それなりにつらい思いしているわ！」という人もいるでしょう。でも、単なる交際というのは、たまにデートする、たまに旅行をするなど、一緒に生活することを描いていない、じつに都合のいいつき合いです。

相手のイヤなところには目を向けず、いいところだけと向き合っている関係ですみます。


しかし、婚活となれば、最初から結婚を意識しての出会いになります。

ですから、この「気持ちいい」という感覚を一気に飛び越さなければいけません。

結婚を意識しない限り、人は、相手と深く向き合わなくてもいいのです。

単に交際しているだけの関係だったら、少しでも「違う」と思えば、距離を置くことなんていくらでもできます。結婚さえ考えなければ、誰とも深く関わらないということだってできるのです。

一方、結婚は他人と関わっていくことです。**結婚したいとなれば、イヤでも他人と向かい合う作業が必要になります。**この作業が苦行に近いので疲れてしまうのです。

しかも、年を重ねて、それなりの年齢になり、自分の価値観が固まったあとであれば、もっと大変です。だから、自分と価値観が違う人との出会いは、お互いにすり合わせ作業が多すぎて疲弊してしまうわけですね。

でも裏を返せば、疲弊することがわかっているのなら、婚活のやり方を変えてみればいいだけです。

結婚は「ご縁」を見つけられるか、つかめるか

「婚活」という言葉ができたのは、２００８年だといわれています。もう13年も経過しました。

その間、婚活ブームもあって、当初に比べて婚活をおこなうことへの抵抗は薄れてき

たと思います。ですから、多くの方が出会いを求めて動き出しました。これは正しい行動だと思います。

でも、その分、出会いばかりを優先してしまい、結局、婚活疲れを起こしてしまうことも問題になってきました。

出会いをつくる行動は間違いではありません。その先の考え方、思考の問題なのです。そこをもっとシンプルにしてみてはどうでしょうか。

つまり「**婚活はがんばりすぎないほうが成功する！**」ということです。

もちろん、少し綺麗にすることを心がけて清潔感を保つ、気をつかう努力をする、そのあたりは当たり前なことで、マナーと呼べるレベルの話です。

見直すべきは、視点や思考を変えていくこと。深く考えすぎたりがんばりすぎたりせずに、シンプルに受け入れてみるということです。

よく結婚は「ご縁」だと言われますね。

10代のころからいろいろな恋愛をしてきても、結局ご縁を見つけられず、結婚にいたらない人だってたくさんいます。

では、ご縁というのは、いったい何なのでしょう?

この仕事をしている以上は、「ご縁」というものの正体を、落とし込んで伝えられたらと思ってきました。

神さまの領域とも言えるご縁を落とし込むことは、なかなか難しいものです。

でも、一般の方よりは、ご縁をサポートしてきましたし、私自身が、ご縁に悩んだ末に決断した経験を経て、いまここにいます。

この「ご縁」というものを、婚活疲れをしてしまった人には、ぜひ知ってほしいですし、これから婚活する人には、最初の段階から気づいてほしいのです。

そうすることによって、ムダながんばりはしなくてすみます。

私たち婚活サポーターができることなんて、本当に微々たるもの。せいぜい「ヒント」を与えられるくらいです。

でも、このヒントを自分のものにできるかどうかで、結婚できるかどうかが確実に変わります。

未来は自分でしか変えられないし、誰も変えてはくれません。

決断は、自分でくだすしかないのです。

婚活は時間との勝負、ムダな時間を減らそう

よく「人生にムダなんてない、ムダなことから学ぶこともある」と言われます。

もちろん、ムダから学ぶことも多いのですが、婚活は時間との勝負です。だから、ムダな時間をかけてほしくありません。ムダにかけた時間を取り戻すことは、実年齢を戻せないのと同じように、婚活においてはできないと考えてください。

結婚は、相手がいて成り立つものです。ですから、自分の時間をムダにするだけでなく、相手にも負担をかけてしまいます。

さらに、ご縁は生き物です。つねに動いています。

あなたが、自分の「ご縁」に気づくことができれば、目の前にある「ご縁」を逃さず、手にいれることができるのです。

この「ご縁」は、いままでどおりの視点・思考では見つけることができません。また、私が一人ひとりをサポートして「これがご縁です」と教えてあげることもできません。

だからこそ、この本では、ご縁とは何か？

そのご縁を見つけるためには、どういった視点を持つべきか？

さらには、その視点を持つために、どういう思考をするべきなのか？

そういったことをお伝えしていきます。

一度立ち止まって考えてみれば「ご縁」をつかめる

私は16年、婚活のサポートをしてきましたが、もう出会いの形は出尽くしたと思っています。職場・合コン・友だちの紹介・結婚相談所・婚活アプリ・婚活パーティー……。

これから急に、まったく新しい出会いの方法が出てくるなんてことは皆無でしょう。

また、男女とも人口数が急に変わったりすることも考えにくいですよね。

そうであれば、あとは出会った中で、ご縁をつかんでいくしかありません。

婚活中の人や、結婚を考えている人の中には、じつは自分でも見つけられたり、気づけたり、決められるご縁があるのに、それを見逃してしまう人が少なくありません。

だからこそ、この本を読んで、一度立ち止まってほしいのです。

そうすると、意外にあっと言う間に、目の前にある「ご縁」に気づけて、結婚できるかもしれません。

私は、この仕事をしているからといって、無理に「結婚しなさい！」「結婚が正しい！」「結婚はこういうものじゃないといけません！」なんて思ってもいませんし、言いません。

いまの時代、結婚は自由選択の一つになりましたからね。

でも、**結婚したいと思っている人が婚活をするなら、がんばりすぎず、無理をしすぎず、シンプルに「ご縁」を見つけてほしい**と思っています。

ほんのちょっとした視点や思考の転換で「ご縁」をつかめるし、実際、つかんで幸せになっている方がたくさんいます。

この本では、そういう方の参考例もいくつかあげていますから、ぜひそれらをヒントにして、ご縁をつかんでいただきたいなと思っています。

もくじ

02 時間目

視点を変えるだけで理想の相手に仕上がる

03 時間目

理想の「結婚運」は自分でつくれる

04 時間目

自分のことがわかったときが、幸せになれるとき

5時間目　結婚のハードルはホントに低い

装丁　大場君人
編集協力　掛端玲
DTP　片倉紗千恵

Lesson1　Looking for a life partner

01 時間目

出会いは がんばらなくても 大丈夫

「婚活すれば、すぐに結婚できる」

そう思っている方は男女ともにけっこう多いのですが、現実は難しいものです。いま、そう実感している方も少なくないと思います。実際、婚活はなかなかすんなりいかないものです。

もちろん、はじめてお見合いした人と意気投合して、そのまま成婚・退会された方もいらっしゃいます。また、3人くらいとお見合いをして、その中でいまの結婚相手に出会った方もおられます。

とはいえ、これは少数派です。

なかなか出会えずにお見合いを繰り返したり、真剣交際に入ったものの短期間での「交際終了」を繰り返したりと、いわば「**婚活沼」にハマってしまった**方もいます。

「沼」にハマる方は少なくないのですが、では両者は何が違うのでしょうか。

この本を読んでいるみなさんは、婚活をひと通り経験し、酸いも甘いも知り尽くしている方もいらっしゃると思います。もう何年も婚活して「婚活疲れ」になってしまった、という方も少なくないでしょう。

当結婚相談所にいらっしゃる方も含めて、**婚活している方々は、がんばり屋さんが多い**と感じています。

「がんばって好きな人を探さなくちゃ」
「がんばって相手に気に入られなくちゃ」
「いい人とめぐり合うためにがんばらなくちゃ……」

知らず知らずのうちに、こんな思いを持っていませんか？

そのがんばろうとする気持ちを、いったんお休みしてみましょう。結婚は「好きな人とするもの」でも「がんばったから縁がつながるもの」でもありません。

大切なのは、努力する方向を間違えないこと。ここを間違えるか否かが、結婚と婚活沼の分岐点なのです。

「えっ、それってどういうこと？」と、ハテナマークが浮かんだところで、1時間目を始めていきましょう。

いきなり好きな人、気になる人を見つけようとしない

婚活で、日々いろいろな人と出会っているみなさん。

その中で「好きだな」や「この人、気になる」といった「好き」という感情優先で、結婚相手を見つけようとしていませんか？

いきなり夢を壊すようですが、**好きな人というのは、そんなに簡単に見つかるモノじゃない**ですよね。学生時代のように「楽しむための恋愛」をする時間も労力もかけられないのが現状だと思います。

もともと1年や半年の割合で、1人か2人は好きになる人ができる、そういういわゆる「恋愛体質」で惚《ほ》れっぽい方は別です。婚活においても、好きな人を探して、うまくいくこともあるかもしれません。

しかし、たいていの場合、普通に仕事や生活をしていて、好きな人を見つけることは難しくありませんか？

たとえば、好きな人が3年に1人しかできないとしたら、いまから3年も待たなければなりません。ましてや、その好きな人と結婚するかどうかなんて、誰にもわかりませんよね。

そんな不確定な要素に、そもそも「結婚」をあてはめること自体がナンセンスだと思いませんか？

婚活サポートをしていると「このカップルなら結婚できるのに……！」「これがご縁だよ！」という2人が「好きになれない」という理由で、みすみす結婚のチャンスを逃してしまう光景をよく見かけます。

と同時に「すごくもったいない！」と肩を落とすことも少なくありません。

じつは結婚において、好きな人を探す必要はありません。みんながみんな、好きな人と結婚する必要はないし、しているわけではないのです。

まず、ここをしっかりと自覚しましょう。

結婚相手を「恋愛脳」で判断しない

結婚相手を選ぶ最初の基準は、いまの自分の価値と相手の価値を精査して、相手に価値が感じられるか、ということ、これだけです。

相手の方に「自分にはない価値がある」と感じられたのなら、結婚相手として候補に入れていきましょう。

たとえば、まずは自分のスペックについて、

・年齢
・年収
・容姿
・特技、特長

このあたりを書いておき、そのうえで相手のスペックも書き出すのです。

そこで「自分にはもったいない相手かも」と思えれば、結婚相手としての素質は十分すぎるほどあります。

大事なのは、結婚相手の判断を恋愛脳で決めないで、その人の価値判断にチェンジすることです。

そもそも、これまで生きてきたなかで「結婚したい！」と思えるほどの人が何人いたでしょうか？

おそらく、ほんの数人か、むしろ「そんな人はいなかったです」かもしれません。

だからこそ、**婚活で出会って1番目の人と結婚するくらいの気持ちで全然かまわない**のです。

あとで詳しく書きますが、結婚前は好きではなかったという人と結婚しても、幸せになることはできます。

それは、何百組もの婚活マッチングを成立させてきた経験、そして私自身も、特別好きな人と結婚したわけではないからこそわかる真実でもあります。

たしかに、いきなり「好きじゃない人と結婚する」という考えに変えることは難しいかもしれません。

徐々にマインドチェンジしながら、婚活にトライしてほしいと思っています。

「恋愛脳」から「結婚脳」に替えて相手を見極める

結婚相談所の中でも「いきなり気になる人ができちゃいました！」と、テンション高めに報告してくださる方が時々いらっしゃいます。

これは運命、とばかりに突き進もうとする相談者に、私は「ちょっと待った！」と声をかけています。

なぜなら、それは「恋愛脳」で相手を見ているからです。

「恋愛脳で相手を選んで何がいけないの？」

と、きょとんとされてしまいそうですが、そもそも恋愛相手と結婚相手は、まったくの別物。じつは、**恋愛の「好き」という感情だけで結婚相手を見極めたと思うのは、あまりにも危険**なのです。

「好き」という気持ちが持続しているあいだは、もちろん何をしていても、また何をされても楽しいでしょう。

毎日がハッピー、高揚感に包まれますよね。

しかし、この「好き」が覚めた瞬間、相手のどこがよかったのか思い出せない……。

このような経験、みなさんもあるのではないでしょうか。

「結婚相手として」を見極める5つのポイント

恋愛感情が先走ってしまうと、このように「結婚する相手としてマッチしているかどうか」その正しい判断ができなくなってしまいます。

それればかりか、**好きではなくなった瞬間に、いきなりテンションが下がって、つらい気持ちを抱えてしまうというリスクもある**でしょう。

そんな事態を避けるためにも、相手を好きか嫌いかの感情で考えるのではなく「結婚相手として生活が送れるかどうか」のポイントでジャッジする必要があるのです。

「結婚相手としてどうか?」というジャッジポイントは以下のとおりです。

①仕事に向かう姿勢

転職を繰り返していないか?
仕事を淡々とできる人か?
仕事の愚痴が多くないか?
仕事が嫌いすぎないか?

②金銭感覚

貯蓄しているか?
欲しいものをすぐに購入していないか?
リボ・ローンを組んでいないか?

③オンナ癖

恋愛経験がないがゆえに、女性に夢や理想を描いていないか? モテる男性の場合は、ちゃんと遊び飽きているか？

④家族との関わり

親との関わり方はどうか？

兄弟間の問題を抱えていないか？

⑤情緒の安定

すぐに怒るというようなＤＶ傾向があるか？

気分の浮き沈みがあるか？


いかがでしたか？

人を好きになる気持ちって素敵ですし、とくに久しぶりに好きになる人ができると、当然「その気持ちを大切にしたい」と思いますし、それは私も応援したい！

でも、あなたの好きな人が、前述した5つのジャッジポイントに1つでも引っかかる点がある場合には、冷静になってほしいのです。

結婚してからはもちろん、婚約して結婚に向けて準備している段階での破談もありえます。そうなったら精神的なダメージは計り知れません。

恋愛と結婚が違うと言われるのには理由があり、結婚は生活になります。ふわふわした気持ちいい恋愛というのは、おとぎ話の世界。でも、結婚は現実なのです。

すぐに結果を求め、感情に縛られる恋愛脳から、「結婚相手として適正か？」というジャッジができる結婚脳へ、いまからスイッチしましょう！

お見合い結婚は「妥協」なの？

前項に続いてもう一つ、恋愛脳で好きになった場合のリスクがあります。

それは、結婚そのものが遅れてしまう、ということです。


ある相談者Aさんは、婚活アプリで彼Bくんのことを好きになった結果、めでたくおつき合いすることになりました。

「おつき合い後、半年で結婚したい」と言っていたAさん。

しかし、Bくんは半年を過ぎても結婚する兆しを見せません。

「でも、彼のことが好きだから待ちたい」と言い続けたAさん。

ですが1年後、とうとうBくんとゴールインすることなく破局となりました。

このように、**女性にとって貴重な時間をふいにしてしまうのも「恋愛感情で相手を選んだ結果」**です。

そんな後悔を生まないためにも、結婚相手を恋愛感情だけで決めてはいけないのです。

このように言うと、必ずこんなことを言ってくる方がいらっしゃいます。

「好きじゃない人と結婚するって、結局のところ妥協するってことでしょう?」と。

その都度、私ははっきりと、お応えします。

「いいえ、好きじゃない人と結婚する＝妥協して結婚することではありません」

お見合いの場合の「好き」という感情は、相手を知らないうえでくだした判断にすぎません。

しかし、本当の愛は、それほど早く醸成されるものではありません。知らない者同士が出会い、生活をともにしていく中で、相手を本当に理解しながら好きになっていくプロセスを踏む……。

本当の愛情とは、このように育てていくものなのです。

現時点で「今後も結婚相手のことを好きにならない」という確証もないのに「妥協で結婚した」というのは、早計ではないでしょうか。

恋愛結婚だろうと結局は同じゴールに行き着く

仮に、恋愛結婚したとしましょう。

しかし、一緒に日常生活を送っていくことになれば、必ず恋愛関係のときのようなトキメキやドキドキ感は薄れ、夫婦としての関係が構築されることになります。そんな中で、日々が目まぐるしく過ぎていくのです。

結局、生活をともにした以上、同じゴールに行き着くわけです。

スタートは違えど「夫婦」になることに、恋愛結婚だろうとお見合い結婚だろうと、こだわる必要はないのです。


ちなみに、最初はとくに好きではなかった相手だけど幸せになれる、この縁を私は「第

3の縁」と呼んでいます。

じつは私も、その「第3の縁」で結ばれたひとりです。みなさんも幸せになることができる大切なポイントなので、2時間目で詳しくご紹介します。

相手のことが恋愛的には好きじゃなかったけど、それでも結婚に踏み出したのは、チャレンジ精神があってこそ。

ぜひ勇気をもって、その幸せをつかむために飛び込んでほしいと思います。

「話ができればOK」ジャッジは低めが成功する

「話が盛り上がらなくて……次に会うのが心配です」
「お互い共通の話題がないから、何を話していいかわからないです」

お見合いが終わったあと、よくこんな相談を受けますが、私は決まってこう答えます。

「話が盛り上がらなくて当たり前じゃないですか〜、むしろ話ができただけで十分結婚相手としての素質はありますよ！」

みなさん、こう言うと「ええ？」とびっくりされます。

ですが、そもそも会って1回目や2回目の人は、みなさんにとって、まだ「まったく知らない人」ですよね。

共通点もなければ、話す内容や糸口が見つけられないのは、仕方のないことではないでしょうか？

「会話が弾んで、盛り上がって、楽しいデートでなければ、結婚相手には考えられない！」というふうに、相手に対するハードルが上がってはいませんか？

そもそも私は、男女が共通してできる会話は、ほとんどないと思っています。

たとえば、多くの男性が興味を持っている車や仕事、経済やスポーツの話などは、女性はあまり興味を持てませんよね。

逆に、多くの女性が興味を持っている美容や健康、恋愛話などは、男性にとってはまるで別の国の話くらいに思ってしまうでしょう（笑）。それくらい、男女には話す内容に差がある、ということです。

そう考えれば、ほぼ初対面で話ができていること自体、結婚相手として十分な合格ラインです。

会話がある程度成立して違和感がない、それくらいでちょうどいいのです。

最近観た映画の話や、会社での出来事、また天気や気候の話など、差しさわりのない話を続けられたかどうか？

これくらいが、一つのジャッジポイントとなるでしょう。

どうしても会話が続かない場合の「+α」

また、会話には相性があります。

たとえば、下ネタを言ってくる人がいたとしても、会話が不快と感じなければいいでしょう。**おふたりの会話なのですから、誰かと比べたりする必要もありません。会話の内容も自由でいいのです。**

もっとも、それでも「どうしても会話が続かない……」ということもあるでしょう。

沈黙が気まずく感じてしまうこともありますよね。

そんなとき、私がおすすめしているのは「お礼＋α」を言うことです。そしてそれは、誰でも簡単に答えられる質問であることがコツです。

「時間をつくってくださってありがとう」

「コロナ禍なのに、会ってくださってありがとう」

といったお礼の言葉に続けて
「**待ち合わせ場所、すぐわかりました？**」

「**この辺りって来ることあります？**」

といったように、相手の回答をうまく引き出してあげることで、相手を受け入れている姿勢を示すことができますし、お互いが努力できれば、会話が発展していくこともあります。

そうすることで、お互いの会話の距離感がつかめてくるはずです。

「小さなご縁を見逃さない」ための秘訣とは？

婚活を続けているのに、「自分のお眼鏡にかなった出会いがないから結婚できない！」「自分のテリトリーの中でいい人にめぐり合えない！」などと思っている人も多いのではないでしょうか。

たしかに、仕事や生活スタイルは毎日毎日大きく変化するわけではありません。ましてや人間関係も、年を重ねれば重ねるほど厳選されていくのが普通になるでしょう。

それなら、自分のテリトリーを広げるために、趣味や習い事をしてみましょう……。

という話ではありません。その逆です。

あなたのまわりで、いま、普通に話ができる人はいませんか？

いつも気にかけてくれる人、いませんか？

その人こそが、じつはもっとも結婚相手候補に近い人なのです。

コロナ禍で結婚した、お笑い芸人の岡村隆史さんだって、十年来の友だちと結婚しましたよね？

結婚への感性を磨く3つの行動パターン

さて、近くに思い当たる人を探してみましょう。いませんか？

急にそう言われても、ピンとこない人もいるかもしれません。それは、本人も意識していないくらいの小さなご縁なのですから。

では、さっそく、そのご縁を発見するためのヒントをいくつかご紹介します。

①ひとりで過ごす時間を増やす

ちょくちょく女子会で婚活の悩みを相談し合う。こういう方は多いでしょう。

たまの女子会はいいのですが、小さなご縁に気づくためには、ひとりで過ごす時間を増やすこと、つまり**「自分と向き合う時間をとること」がとても大切**です。そのためにも、同性の友だちとの距離はあけておく必要があります。

ただし、その中で出てきた「友だちが恋愛結婚できてうらやましいな」という感情は、そのまま受け止めるようにしましょう。

嫉妬心にふたをする必要はありません。しかし、同じ境遇の友だち同士で嫉妬心を語りあうことは、結果として傷を舐《な》めあっているだけで、前向きな行動にブレーキをかけてしまうときもあります。

ひとりで過ごす時間を増やす、ということは「自分の気持ちに素直になる時間を増やす」ということでもあるのです。

「自分の婚活を振り返る」「自分がなりたい将来の姿をイメージする」など、自分のためにいっぱい時間を使ってみましょう。

②結婚相手のストライクゾーンを広げてみる

好きじゃない人でも話ができれば結婚相手としてはOK！

というふうに、結婚相手のストライクゾーンを広げていくことは極めて大切です。

具体的にどうすればいいか、それは「**こだわりを捨てること**」です。

私は、結婚相手と一つだけ気が合う部分があれば十分だと思っています。

趣味が合うとか、笑いのツボが合うとか、いろいろあるはず。感性も価値観も性格も趣味も、いくつも合うところがあるなんて人はほぼいません！

気が合う、もしくは趣味が合うということは、ふたりが持つ性格の傾向が合っているということ。それで十分生活はしていけるのです。何百人もの相談者を送り出してきた私が言うのですから間違いはありません！

③他人の意見に影響されない

小さなご縁に気づくためには、「自分らしさ」を見つけることが何より必要です。自分とこれまで出会ってきた関係性にのみフォーカスすればいいのであって、そこに他人の意見を入れて一喜一憂するのはナンセンスです。

自分は自分、他人は他人です。

人の意見を聞くのではなく、自分の意見をしっかり持てるように、自分を見つめ直しましょう。相手を理解するためには、まず自分を知るところからです。

そのためには、人の生き方と自分の生き方を比べるのをやめることです。ＳＮＳやネットの情報を見るのもおすすめしません。

「隣の芝生は青く見える」もの。余計な情報は入れないようにする、と言い換えてもいいかもしれませんね。


当たり前ですが、一人ひとり、みんな違う人生を生きています。他人の人生を自分に当てはめて「私もこうなりたい」というのは、他人の人生を生きたい、ということにほかなりません。

他人の行動を追いかけるのではなく、まずは自分が思っている現実味のある理想の結婚像を書き出してみましょう。洗いざらい書き出せたら、あとはその理想を現実にするための「自分がとるべき行動」が決まってくるはずです。

小さなご縁に気づくには、まず自分の小さな本当の声に気づくこと。形ばかりの婚活をやめて、ぜひ自分と向き合ってみてほしいと思います。

出会う人数は5人で十分。立ち止まって考えてみて

「いままでたくさんの人と会ってきたのに、それでも結婚が決まらない」

「お会いした人数は二桁以上なのに、まだ結婚相手が見つからない！」

「今回の人ともマッチングしなかったから、出会いをまた探さなきゃ……」


相談者の中でも、そういう声を本当によく聞きます。

こう言うみなさんは、決まって「もっとたくさん会わなきゃ」と思われるようです。

今この本を読んでいる方の中にも、そう思って行動している方がいるかもしれません。

婚活をしている以上、たしかに一定数出会う必要はあります。


しかし「出会いすぎは禁物」です。

私の経験上、本気の婚活なら5人も会えば十分なのです。

とくに「お見合いはこなしているのに、結婚に発展しないという方」は、思い切って一度立ち止まってみてください。

婚活は「動」と「静」のバランスが必要です。

相手を積極的に探す時期、そして交際がスタートして結婚に向かっていく時期。この時期は「動」が必要です。

その一方で「**この人とつき合ってみようかな**」「**この人と結婚しようかな**」と、**一度立ち止まって考え、決断する「静」の時期もまた必要**なのです。

どんな方とつき合っても、きっと同じように感じる

「アプリでも出会いを探しているんですけど、いまいちの人ばかりなんです」という相談者Cさんがいらっしゃいました。会う方はたくさんいるのに、決め手に欠けて「この人！」と決められない、とおっしゃいます。

一方で、たまに食事に行く方も、いまいらっしゃるとのこと。だけど「どうにもモチベーションが上がらず、この人だという決定的なものもないため、アドバイスが欲しいです」と悩んでいました。

そのとき、私はこう答えました。

「いま会っている方はイヤじゃないんですよね？　であれば、しっかりといまの人と向き合うべきだと思います。正直言って、どんな方とつき合っても、きっと同じように感じると思いますよ。それより、いまの人をちゃんと見ていくことが、結婚へのいちばんの近道です」

すると、Cさんは目からうろこが落ちたような顔をして、私に「そうかもしれないですね。私、いまの人とがんばってみます」と言って、結果的におつき合いしてゴールインされました。

じつは、こういったケースは少なくありません。

すでに、結婚相手となるべき人に出会っているのに、その出会っている人が見えていない。もしくは「この人と結婚していいのかな?」と迷ってしまい、いつまでたっても決断できないパターンです。

気になる男性と出会い、おつき合いするか迷ったら、まず立ち止まって「この人とつき合う」と決めてみましょう。

Cさんみたいに「『この人!』という方ではないので、決められません」と言っている方は、いったん「動」の時間をおさえて「静」の時間を見つけましょう。

たいていの方にとって「この人」とは、これから出会う中からではなく、すでに出会った中から見つかります。

もし、おつき合いしている人がいるのなら、一度「この人と結婚する」と決めてみましょう。

決めてしまうことで必ず、見えてくるご縁があるはずです。

婚活疲れを防ぐ！ 結婚相手を絞る4つのポイント

これまで私は、婚活をする多くの相談者と向き合ってきましたが、婚活をされるみなさんは真面目で、努力家の一面を持っています。

「結婚する」という目的に向かって、一生懸命に活動されているみなさんだからこそ、その反動で疲れてしまう、悩んでしまう、不安になってしまう、いわゆる「婚活疲れ」におちいりやすいのでしょう。

とくに女性にとって婚活疲れは、肉体的だけではなく、精神的にもダメージを与えてしまいます。

そうならないためにも、できる限り婚活疲れは避けたいところ。そこで、ここでは結婚相手をひとりにしぼる方法をお伝えしたいと思います。

ポイント① 好きになれそうな人を探さない

前項でも何回かお話ししましたが、恋愛感情で結婚相手を探さないこと、これが大前提です。お見合いで出会う場合、はじめはお互い知らない人同士。**最初から「好き」と思えるほど、相手を知る時間やチャンスは多くありません。**

であれば「一緒にいて楽だな」「話がしやすいな」というくらいのジャッジでOK。ここをクリアできていれば十分、結婚相手候補になりえます。

ポイント② 比較対象を多くしない

『選択の科学』（文藝春秋）を書いた社会心理学者、シーナ・アイエンガーのジャム実験によると、**人は選択肢が多いと決断力が鈍る、**という一面を持っています。

この理論を婚活に当てはめると、5人の中から1人を選ぶのと、20人の中から1人を選ぶのでは、前者のほうがいいということ。人は、選択肢がありすぎると決められなくなってしまうからです。

このことから、**むやみにお見合い人数を増やさないほうがいい**ことがわかります。

お見合いする人数を増やすのであれば、その前に一人ひとりとしっかり向き合う時間をつくること。そうすることで、結婚への照準が合いやすくなります。

ポイント③ 決め手はいらない

先ほどのCさんみたいに「『この人だ!』という決め手がなければ、結婚してはいけない」と、知らず知らずのうちに思っていませんか?

じつは結婚相手を選ぶのに「これだ!」という決め手は必要ありません。

「なんかこの人と一緒にいると楽かも」「ラーメン屋の行列を一緒に待っても気まずくならないな」など、気兼ねしない雰囲気がつくれているのであれば、それだけで十分。

勝手にハードルを上げないことも重要です。

こう書くと「ときめきがない」「恋愛要素も大事」「妥協したくない」などという方がいらっしゃいます。

ですが、恋愛結婚している夫婦だって、みんながみんな「この人だ！」と思って結婚したわけではありません。むしろ「つき合っているうちに、結婚適齢期になったから」というくらい、なんとなく流れで結婚にいたる方も多いのではないでしょうか。

実際のところ、**恋愛結婚だろうがお見合い結婚だろうが、たいした決め手はいらないのです。**

ポイント④　決断力をつける

ここでいう決断力というのは、「自分ひとりで決める力」のことです。

他人に相談するばかりではなく、自分で決めましょう。

もう30歳近くなってくれば、自分で人生を切り開いていかなければなりません。

自分の人生を他人に任せるなんて無責任じゃないですか？

あなたは最近、決断力をどこで発揮しましたか？

たしかに、現代ではネットの情報や口コミなど、情報が豊富であるがゆえに、かえって自分ひとりで決断をくだす、というのはなかなか難しいかもしれません。決断しなくてもなんとなく生きていくこともできます。

しかし、それでも最終決断は自分で決める、という癖をつけましょう。それが婚活のさまざまな場面で活きてくることはもちろん、結婚後パートナーとともに歩んでいくうえでも必要になることだからです。


相手のことは恋愛の「好き」ではない。だけど結婚したら幸せが待っている。

そんな「第3の縁」があるとお伝えしましたが、婚活は、この縁をつかめるかどうかで結婚できるかどうかが決まる、といっても過言ではありません。

ご縁をつかむということは、つまりは結婚相手としての決断をくだすということです。

この決断力が「鍵」なのです。

「どうしても無理なんです……」という以外の人だったら、この先のおつき合いや生活していくうえで好きになれる可能性は十分あります。

「好きじゃない人と暮らすなんて……」と不安に思い、決断がくだせない気持ちもわかります。

しかし、繰り返しになりますが、夫婦の愛情は共同生活を営みながら、ゆっくりとふたりで育んでいくものです。それは恋愛結婚でも、お見合い結婚でも変わりませんよ。

結婚したことがないと不安に思ってしまうかもしれませんが、**結婚したら見えてくるものも必ずある**と思います。

結婚したその先に幸せになれるチャンスがみんなにもある、ということを知って、勇気のある決断をくだせる女性になってほしいと思います。

Lesson2　Looking for a life partner

02時間目

視点を変える だけで理想の 相手に仕上がる

1時間目を終えて、「いままでやってきた婚活の概念と違うかも……」「がんばるポイントがズレていたのかも？」と思えましたか？

そう感じられたのなら、大丈夫。

なぜなら、**素直であること、そして自分を振り返ることができるのは、婚活ではとても大事なこと**だからです。

さて、2時間目は「婚活でのつまずきあるある」とともに、結婚相手に出会える「眼力」について、お話ししていきたいと思います。

婚活で「つまずく」ところは、だいたい決まっています。とくに多いのが、出会った直後に、もう失格の烙印《らくいん》を押すというパターンです。

もちろん、本当に失格と言わざるを得ない人もいますが、実際にはあまりに見切るタイミングが早すぎるというケースが多いのです。

世の中、完璧な人なんかいませんし、次から次に「出会いと別れ」を繰り返しても、疲れるだけで一向に成婚にはいたりません。どのあたりを見極め材料にしていけばいいのか、この2時間目で詳しくご紹介していきます。

たまに「婚活している男性の中には、いいなと思う人がいません」という女性がいます。

「彼女たち自身の理想が高すぎる」とか「本当に魅力的な男性が少ないんでしょ？」と思われるかもしれませんね。

たしかに、そういう場合もあるかもしれませんが、**いちばんは「女性が見落としているケースが多い」こと**です。

実際には目の前に候補がいるのに、それを見落としていることが本当に多いのです。

とくに「婚活すれば簡単に相手が見つかると思ったのに……、実際には難しいんですね」と、いわゆる「婚活疲れ」を起こしている方は、本当に見落としが多い（そうならないためにも、この2時間目で紹介する「婚活メモ」は今日からでもとりましょう）。

私は「妥協しなさい」とは言いません。それよりも「見る目を養いましょう」と言いたいです。**みなさんの結婚相手は、意外と近くにいるものなのです。**

では、どのように見る目を養えばいいのでしょうか？

さっそく、ご紹介していきましょう。

「好条件なのに結婚していない」という男性の特徴

婚活市場の中には、思わず「えっ」と声が出てしまうような、いわゆる高スペックな男性が結婚できずに登録されている場合が多くあります。

たとえば、こんな条件の男性が出てきたとしましょう。

・39歳　大手一流メーカーの正社員　年収900万円
・40歳　一部上場企業の営業管理職　年収1000万円
・42歳　外資系大手のマネージャー　年収1200万円

婚活市場から見ても、それどころか一般的に見ても、かなり好条件の男性です。

会社勤めをしていて年収が高い、ということは企業から「それだけの価値がある」と見なされているとも言えます。

一つの社会的な信用を得ている、ということにもなりますよね。

「それなのに独身で婚活しているのは、何か裏でもあるの？」と思って、ご本人に会うと、いたって真面目に真剣な出会いを探しています。

私たちアドバイザーも、つい「いったい、なぜこの人が独身なの？」と首をかしげてしまうのですが、こういった好条件なのに結婚していない男性には、じつはある共通点があります。

それは、**とにかく「自分の理想に合う女性を追い求めている」ということ**です。

私の相談者の中で、長い婚活を実らせ、ゴールインされた年収4000万円の男性がいらっしゃいました。

彼は「絶対に結婚相手に妥協したくない」ということで、「本当に自分が結婚したい」と思える相手が現れるまで、ずっと待ち続けていたのです。

そうして費やした期間、なんと17年！

執念とも言える婚活年数だったと思います。

しかし、一般の方は、おそらくここまで続けることは難しいでしょう。

気持ちの面でもそうですが、経済的な面も含めて、途中でフェードアウトしてしまうのが普通です。

当然、長く続けることでのデメリットもあります。

男性も年齢が上がるにつれて、どうしても20代から30代の女性と結婚できる可能性は低くなっていくからです。

つまり、年数をかけたとしても、必ずしも「自分が望む理想の相手」と結婚できるわけではないのです。

時間をかけることが、じつはいちばん大きなリスクである。

そう、思えてきませんか?

「こだわりすぎ」には百害あって一利なし

相談者の中で、お相手へのこだわり条件を細かく教えてくださる方がいらっしゃいます。

実際、私たちもお見合いを進めていくにあたり、詳しいプロフィールをお聞きしていきます。そのような中で「どんな方がいいか」という、はっきりとした輪郭が見えることもあります。

しかし、私は「**容姿と年齢には、あまりこだわりすぎないで**」と、相談者のみなさまにいつも伝えています。

こういうと「ええっ！　だってこの2つは、自分の好みにも直結する問題だし……」と、口をとんがらせる方がいらっしゃいます。

とくに男性に多いのですが、女性にも少なくありません。

たしかに、そうですよね。

お気持ちはわかります。

これまでの経験も手伝って、ご自身が好む容姿や基準となる年齢があるでしょう。


しかし、その条件で出会いがありましたか？

何より、結婚してもいい、というお相手は見つかりましたか？


厳しいことを言うようですが、結婚できなかったときと同じ条件で再チャレンジしても、ご縁をつかむのは難しいでしょう。

むしろ年をとっただけ、結婚できる見込みは低くなっているのではないでしょうか。

ご自身が提示している条件は、過去のリサーチからはじき出されたものにすぎません。

過去の（失敗）データに基づき、そこから結婚相手に求める条件を決めるというのは、きわめてナンセンスです。

そうは言っても、急に自分の価値観を変えることはできませんよね。

でも、だからこそ、この婚活というタイミングで、その条件をとっ払って、もう一度考え直してほしいと思います。

それが、婚活をしてお相手を探すメリットでもあるのです。

婚活中の「ダサい男」は結婚後にいくらでも変えられる

これまで数々の相談者を見てまいりましたが、結婚して生活を営んでいくのに、容姿や年齢を気にする人はほとんどいません。

実際、夫婦になってみると不思議なもので「そんな些細《ささい》なこと本当にどうでもいい」という認識に変わるものです。

でもたしかに、これまで年齢や容姿で相手を断ってきた方もいらっしゃると思います。

とくに多いのは「男性がとってもダサくて……」「モサくって無理なんです」という女性からのため息にも似た相談です。

でも「ダサい」ということは、むしろ「伸びしろがある」ということ。

いくらでも、自分の理想に近い男性にプロデュースすることができますよ！

出会いの場にノベルティーバッグで現れた男性と結婚

本当にそんなことができるのって？

はい、じつは私の夫も、出会いの場にノベルティーバッグで登場したほどのダサさでした。

ノベルティーバッグですよ！

あまりにも衝撃的だったので、いまでも覚えています。

でも、話をしていくと、不思議と居心地がよかったのです。そのときですね……私が**「彼をダサ男から卒業させてあげよう！」**と決意したのは（笑）。

これは、ほんの一例です。

ちなみに、ほかにもこんな話を聞いたことがあります。

・よくわからないブランドのスニーカー（のような靴）を履いてきた

・腕時計がおもちゃみたいなやつだった
・スーツのサイズが合っていなくてダブダブ……終始気になった
・本人は「おしゃれ」と思っていたようだが、ピンク色のチェック柄のパーカを着てきたので引いてしまった

このように、**元カレや元婚活相手（現夫）のダサいエピソードなんて、既婚女性からしたら雑談のネタ**でしかありません。

断言しますが、ダサい男は絶対に変えられます。

詳しくは後述しますが、そんな目先のことで、本当に大事な本質を見失わないでください。

そして、はまらなくてもいい罠《わな》に、自分から引っかからないように！

条件を決めずに男性と会うこと。そのアンテナの広さが、きっと「これだ！」という人をキャッチしてくれるはずです。

眼鏡をとった相手の姿を想像できますか？

普段は冴えない男性が、眼鏡をとると、なんとイケメン！　そこから、なんだか彼のことが気になり始めて恋に落ちる……。

ひと昔前に流行《はや》った恋愛ドラマのような展開ですね。

本当なら、どんなにいいことでしょう。でも、現実世界において、こんな展開はほとんどありません。なぜなら、婚活において「ダサい男性の眼鏡をとった姿を想像してみよう」と、一歩踏み出す女性は極めて少ないからです。

「わたしはそんなことない！」と思ったあなた。

もし、目の前に服装がダサい男性、ヨレヨレの服を着た男性を目にしても、本当にそんなことが言い切れますか？

おそらく、婚活をしている8割以上の女性が「やっぱりこんな人しかいないのね」「婚活してるんだから、もう少し気をつけてほしいわ」と、マイナスの印象しか持たないでしょう。

いえ、別にダサい男性を擁護しているつもりはありません。

ただ**「ダサい」というだけで相手を切り捨ててしまうのは、じつは非常にもったいないですよ、ということを強く言いたい**のです。

私は、独身男性の半数以上が「ダサい」と思っていますが、それにはいくつか理由があります。

まず、女性よりもはるかに「美」に関する意識が低い、ということ。

自分なりに服装を気にするでしょうが、あくまで自己流。自分の服のセンスを振り返る機会は、男性はほとんどの場合（たとえ婚活中であろうと）やってこないのです。

男性は女性に比べて「制服」あるいは「制服らしきスタイル」を着る時間が長いものです。中学・高校時代はもちろん、社会人になってもスーツや作業着といった制服らしきユニフォームを着る機会が多くなります。

もちろん、そんな人ばかりではありませんし、自分に似合う服やセンスのいいファッションを知っている方もいるでしょう。

ですが、総じて男性は女性に比べると、自分の格好にあまり関心を持ちません。まして や、**女性から「見られる」ことがあまりなければ、服のセンスは向上することはないと言ってもいい**でしょう。

逆に言えば、おつき合いする女性次第で、外見はいくらでも変えられる。そんな伸びしろは確実に存在するのです。

男性は婚活だろうとオシャレしません

まさに、私の夫がそのパターンでした。夫は背が高いので、おしゃれをして清潔感を出せば、それなりにいい男に見えます……たぶん（笑）。

しかし、はじめてのデートで、目の前に現れた彼は「誰かのおさがりをもらったんですか？」と思うくらい、ぶかぶかのジャケット。

さらに足元には、量販店で投げ売りされていそうな靴、という強烈にダサい格好で現れました。

でも私は、それが逆にすごく新鮮に映ったんですね。

「え、こんな人もいるんだ」って。

いままで出会った人の中でも、ダサさが一、二を争うくらいでしたが「ひとまず話だけでも」と話し始めると、これがなぜだか居心地がよかったんです。「ダサくてイヤだな」って気持ちは、少し減っていました。

もちろん、ゼロになんかなりませんでしたが（笑）。


そこで、私は考えたのです。

「あ、私が彼をプロデュースすればいいんだ」と。

居心地がよくて、私があげた条件にも当てはまっている。こんな相手は、もう「現れない」と思ったからです。

その後、私たちは結婚し、いまでもこのデートの話で盛り上がることがあるくらい、私たちにとっては大事な思い出の一ページになっています。

有望株はどこに眠っているの？

さて、話を戻しましょう。

私は「相手がダサくて……」と話す相談者に、いつも「相手の本質を見るようにしてね」とアドバイスしています。

外見はいくらでもあなた好みに変えられるんだから、と。

だからこそ、**相手を磨く前に、相手を「見抜く」力をつけてほしい**と思っています。

夫の貧乏時代には妻が支えて、結果的に夫が大成功した……という話を、みなさんも聞いたことがありますよね？

目指すのは、その妻のポジションです。

つまり**「青田買い」**すること。

言い方は悪いですが、有望株を見つけること、これは非常に大切です。とくに、仕事ができる（けどダサい）人や、ダサい理系男子はねらい目だと思っています。

女性は男性に対して、自分をよく見せようと思う半面、男性は「ありのままを受け入れてほしい」という性質を持っています。

いずれにしても、男性の外見だけで判断しないこと。婚活だろうと仕上がっている人がくる、と思わないこと。

これが、結婚相手を探すための大事な視点です。

どうしても譲れない条件は3つまでが女性も楽

「そうは言っても三島さん、どうしても譲れない条件があるんですよ」

このようにおっしゃる相談者がいらっしゃいます。

たしかに、それはそうでしょう。誰でもいいわけではありませんし、何でもかんでも許容はできませんよね。

そのため、私は「ご自身がどうしても譲れないという条件を3つまでに絞ってください」とお話ししています。

ちなみに、私が結婚相手に求めた条件は、以下の3つでした（結婚の条件なので「働いている」ということは大前提です）。

①背が高い
②はげてない
③学歴が「大学卒業」であること

ほかの人から見れば「え、こんなことでいいの？」という条件があるかもしれません。

ですが、それは人それぞれ違って当たり前のこと。

「結婚相手にこうあってほしい」という条件は、自分の本音と向き合い、自分で決定すべきなのです。

そう伝えると、たいてい「3つになんて絞れません！」「条件は年齢によっても変わるモノだから、どうやって決めたらいいかわかりませんよー」と言われてしまいます。


では、そもそもなぜ「3つの条件」に絞るか？

これは、ご自身のハードルを上げないためでもあるのです。

たとえば、相手に10個の条件を出すとしましょう。

であれば当然、相手もあなたに10個の条件を出す権利があるわけです。

それって、しんどくありませんか？

何より10個の条件に当てはまる人間にめぐり合う可能性って、かなり低くなると思いませんか？

つまり、結婚相手の条件をあげればあげるほど「結婚したい！」と考えているのに、自らそのドアのすき間を限りなく薄くしているようなもの。

それではもったいないのです！

でも、相手に求める条件が3つならどうでしょう？

これなら、お相手があなたに求める条件も3つほど。それくらいなら、あなたもそれほどつらくないはずです。

条件を3つに絞るための「2つのポイント」

さて、それでは3つの条件を、どんなふうに決めればいいのでしょうか？

ポイントは2つです。

ポイント① 「変わりにくい条件」をあげる

仮に「やせ形でスリムな人が好き」という条件だと、年齢とともに変化してしまう可能性があります。

それよりも、**たとえば「次男以下の人」「運転する人」など、変わりにくい条件を選ぶ**ようにしましょう。

もちろん、可能性としては「（次男だったのに）長男の方が亡くなってしまった」とか「ケガして以来、車を運転できなくなった」ということも想定できますが、少なくとも近々には考えにくいでしょう。

私の「背が高い」というのも、条件としては変わらないものです。

ポイント② 「条件を選んだ理由」をはっきり説明できる

つまり、あいまいな条件ではない、ということです。

たとえば、私があげた3つの条件のうち「大学卒業」というのは、大学まで卒業する家庭環境であったこと、本人に大学進学の意思があったこと、という2つの判断軸がそこにあると思ったからです。

ほかにも「喫煙しない」「猫が好き」などいろんな条件があるでしょう。そこには、ぜひこだわってください。

何より、自分の価値観を反映させ、嘘偽りない本音を出すのが、もっとも肝心です。

ほかの人が「え、そんなこと?」というような条件でも、自分が譲れないと思ったら、その3つだけは妥協せずに婚活していきましょう。

男性に求める年収を500万円にする女性は「広がる」

長年婚活にたずさわった仕事をしてきて、私が痛切に感じることがあります。それは「男性に求める年収が高いことで、チャンスを逃している女性が多すぎる」ということです。

男性に求める年収を聞くと「年収600万円以上」という答えが返ってきます。そして、**一度出した年収の条件は、あまり変わることがない**のが現状です。

では、現在年収600万円をもらっている男性が、実際にどれくらいいるか、ご存じでしょうか?

2020年の調べによると、30代男性の平均年収は484万円という統計が出ています（転職情報サイト「doda」より）。これは独身・既婚を併せた数字ですが、一つの指標となるでしょう。

つまり、今や年収500万円でも、十分に平均以上の男性であることがわかります。

そこで、年収600万円以上の男性から選ぶのではなく、年収500万円以上の男性から選ぶことで、結婚相手としての可能性はぐんと広がると考えています。

何よりこのことが、女性にとっては大きなメリットとなるのではないでしょうか。

条件を「落とす」のではありません。条件を「広げる」という考え方です。

年収1000万円の35歳の男性の立場になってみて

そしてもう一つ、女性にとって条件を広げることで大きなメリットがあります。それは「男性から選んでもらいやすくなる」ということです。

たとえば、年収1000万円の35歳の男性の立場になってみてください。

さて、彼は、どんな女性を選ぶと思いますか？

容姿端麗で、家事全般がこなせて、仕事もきちんと持っていて……本当の姿はどうであれ、そんなイメージを持つでしょう。

では今度は、年収５００万円の35歳の男性の立場で考えてみてください。どんな女性を選ぶと思いますか？

共働きで家事も分担して、でも料理だけは女性側に負担してもらったほうがありがたいな……そんな男性の声が聞こえてきそうですよね。

そして、このイメージは、婚活アドバイザーの私から見ても「そのとおり」です。

つまり、年収５００万円の男性を条件にすることで、あなたもまた「選ばれやすくなる確率が高くなるのです。

女性にとって婚活とは「選ぶ」活動でもありますが、同時に「選ばれる」側でもあります。**選ばれやすい、ということは女性にとって大きなメリットです。**その分、チャンスが広がる、ということなのですから。

そう考えれば「たしかに年収５００万円の男性も、いいかもしれないな」と思えてくるはずです。

世帯収入で考える女性こそ男性からも選ばれる

前項のお話を読んで「よし、これからは年収５００万円の男性にも対象を広げよう」という女性もいらっしゃると思います。

しかしながら、その一方で「男性の年収５００万円だと、結婚生活に不安が出てくるかも……」という方もいらっしゃるでしょう。

私も何度か、そのようなご相談をいただいたことがあります。しかしその際、私は「**男性だけの年収で計算するのではなく、世帯年収がいくらになるか、で考えてください**」とお話ししています。

たとえば、女性側の年収３００万円であれば、男性側の５００万円と合わせて世帯年収は８００万円になります。それでも「不安だな」と感じますか？

もう一つだけつけ加えておくと、いまの年収は当然ながら「現在の年齢」ではじき出されたものにすぎません。

年齢が進むにつれて増える可能性も十分にあります。

そういった意味でも、最初はお互いミニマムスタートを切る、という視点を持つといいでしょう。

専業主婦よりも働く女性のほうが結婚生活に向いている

夫婦の働き方やスタイルは、時代が進むにつれて大きく変化してきました。

現代では、女性も男性もどちらもが仕事を持ち、助け合いながら生活をしていく、というスタンスが主流になっています。

実際、男性の約8割が「夫婦共働きで生活したい」という考えを持っていらっしゃいます。これは男性にとっても、仕事を続けていくということ自体に、リスクを感じている証拠でもあります。

そういった社会情勢に鑑《かんが》みて、女性も仕事を持ち、キャリアを積み上げることが迫られているのは間違いありません。

また、仮に男性が高給取りだったとしても、もし男性が働けなくなってしまったら、最悪お亡くなりになったら、一気に世帯収入は0円になってしまいます。

家庭内のリスク管理という点からも、専業主婦はおすすめできません。

社会的にも家庭的にも、女性は働くことが求められているのです。

「足りない（と思っている）年収は私が稼ぐわ！」という意識になるのは難しいかもしれませんが、せめて「一緒に支え合いながら結婚生活をしていこう！」という心構えは男性から見てもおそらく、心強く感じ、魅力的に映るはずです。

婚活を制するために「婚活メモ」は必須です

婚活でいちばん大切なのは、出会いの数ではなく、出会いに向かい合うこと。量より質です。

とくに開始後1～2か月は、私たちアドバイザーも「積極的にお会いするようにしてください」とおすすめすることもありますが、出会いの数が増えていくと、こんな現象が起きてしまいます。

8人目くらいになると「あれ？　いちばん最初に会った人って、どんな人だったっけ？」と、記憶がうすれてしまうのです。

そこで、ぜひ活用していただきたいのが「婚活メモ」です。

会った人のことを書き留めておくだけのメモですが、これが後々、ご縁を結んでくれることが少なくありません。

書式は自由で構いませんが、たとえばAさんと出会ったら、まずは次のことを書いておくといいでしょう。

「Aさん　出会った日にち・年齢・職業・家族構成・趣味」

さらに、デートするごとに、このようなこともメモしておきましょう。

「日時・場所・会ったときの感想・話した内容・自分の反省点や気づいたこと」

並行して会っている人がいた場合には、各人の比較をすることも必要です（婚活中は悪いことでもなんでもありません。お相手の方もそうされています）。その積み重ねをしていくと、少しの気持ちの変化に気づくことができるのです。

できれば、**会ったその日のうち、帰りの電車の中でさっと書くのがおすすめ**です。

記憶が新鮮なうちに書き留めてください。

「婚活メモ」が縁(円)の扉を開けてくれる

さて、婚活メモが活躍するのはここからです。

ある程度会う人数がそろったところで、見直し期間を設けます。

すると、**当時はわからなかった相手のよさや、場合によっては「自分にとってはあまり合わないな」というお相手の一面に気づくこともある**でしょう。

お見合いは、お相手を比べてみた結果「やっぱりあっちがよかった!」ということがあれば復縁も可能です。

しかし、注意してほしいのは、自分がよいと思った段階で、すでにお相手にほかの方ができてしまっているということも当然あるので、必ずしも自分のタイミングと振り向いてくれるタイミングが同じとは限らないことです。

だからこそ、婚活メモを有意義に活用して「ご縁の見逃し」を防いでほしい!

相談者の中にも「あ、やっぱりあの人のほうがよかったかも！」と言って、以前お会いした方にもう一回連絡をとる方がいます。

評価を見直すと評価が上がる、これも婚活メモの効果といっていいでしょう。

じつは、婚活メモの活用は、相手を知るためのものだけではありません。自分を知るためのものでもあります。

「お見合いをしていたとき、自分はどんなことを思っていたか？」

「お見合いを通して、自分はどんな人間に見えているのか？」

こういった自分の「円」を広げるためのヒントが、婚活メモに隠されているからです。

たとえば、こんな感想を抱く方が少なくありません。

「相手のダメ出しばかり書いているけど、そんなにダメ出しばかりしなくてもよかったかも（そういう自分はどうなの？）」

「楽しかった、楽しくなかった、という自分の感想ばかり。もう少し相手のことを見てもよかったかも（相手の方はどうだったのかな？）」

このように、自分を客観視できます。**婚活メモで「自己の内面に気づける」のです。**

もし「婚活メモ」について、もう少し詳しく知りたい方がおられましたら、拙著『普通』の結婚が、なぜできないの？』（WAVE出版）をご参考いただければ幸いです。

婚活は就活と同じ。自己分析は欠かせません

じつは、婚活を始めるときは「よーいどん！」で、何の準備もなしに始めてしまう方が多数派です。

しかし、それでは「自分にどんないいところがあるのか？」「自分がどんな人間なのか？」など、自分のことがよくわからないまま婚活を始めてしまうことになります。

結果として、相手に十分な自己PRができないということにおちいってしまいます。

自己PRだなんて、就活みたいだなと思った方、まさにそのとおり。

お見合いは就活と一緒です。

就活する際は、必ず自己分析をしてから、どんな業界や会社が自分に合っているか選んでいきますよね？

婚活する際も、この手順をぜひ踏んでいきましょう。

そうすることで、自分の進みたい未来や、自分の気質・方向性などがはっきり見えてきます。

社会人になって、自分を振り返る機会ってなかなかありませんよね。ましてや、客観的に自分のことを見つめる機会はほとんどないはずです。

人は案外、自分のことがわからないもの。

結婚という節目は、改めて自分のことを知ることができるチャンスでもあります。

自分のこと、そして相手のことを知るための材料として、婚活メモをどんどん活用していきましょう！

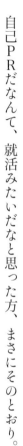

「なんか違う」の「なんか」って何？

お見合いを終え、見事交際まで進んだ、あるカップルさん。

2か月ほど交際を続けて、私どもも「そろそろ結婚なんて話が出たりして……」と、はやる気持ちを抑えながら報告を待っていると、なぜか「**いま交際している彼とお別れしたい**」と言われてしまうことがあります。

私が「何か理由があったのですか？」と聞くと、よくこのようにお返事されます。

「なんか違うと思って……」

この「なんか違う」は、じつは私たちにとって、頭を悩ませるタネでもあります。

「なんか違う」と言って、本当に交際を終了してしまったり、結婚そのものをやめてしまったりする人も実際にいらっしゃるからです。

女性は男性に比べると、空気を読むのが得意な方や、会話に同調する共感能力に長《た》けた方が多いので、おそらく「なんか違う」と思っても、その場では態度や顔には出さないことが多いのでしょう。

でも、その後、家に帰ってみると、なんだかモヤモヤする。

「あまり楽しくなかった」という感情が「メールを返すのが面倒くさくなった」という行動にあらわれ、結果として「なんかあの人とは合ってないのかも」という、自分同士の対話が始まってしまいがちです。

しかし、この行動パターンは、大切な縁を見逃してしまう信号なのです。

言語化するときは「婚活メモ」に書き出そう

そこで私がおすすめしているのが、ここでも婚活メモです。

もし「なんか違うかも？」と感じたら、その当日中に「どこが」「なぜ」「どのタイミングで」イヤだったのか、細かく書き出してください。

言語化することは非常に大切です。そのとき湧き上がった感情をあいまいにするのではなく、きちんと言語化することで、相手の「何が」イヤだったのか、正確な答えが出てくることがあるからです。さらには、イヤな理由や原因が、じつは相手のせいではなかったということもあるからです。

最初から明確な答えが出てこないときでも、**自分の感情や、そのときの状況をこまめに書き出していくことで、自分が苦手な傾向、イヤだと感じる傾向がおのずと判明してくる**こともあります。

以前、こんな女性がいらっしゃいました。

「彼とは話は合うんだけれど、時々なんかすごく疲れちゃう。だからイライラしちゃうときがあって、会うのがつらい」

そこで私は、まず婚活メモを使っての言語化をお願いしてみました。

すると……イライラするときは、決まって生理前のときだとわかりました。

これが「なんとなく調子が上がらないのに無理して会っていた。しかも、それを言い出すことができなかった。それらの疲れが、相手に対してのイライラにつながっていた」という原因だったのです。これには、ご自身も改めてびっくりされていました。

それからは「無理なときは無理、と言うようにします」ということで、交際を継続。このカップルはご結婚されました。

この事例はわかりやすいものでしたが、意外とささいなことを言い出せずに我慢している女性は多いもの。そういった不満を言語化するだけでも、自分の気持ちが整理されるのです。

「生理的に無理」も良縁を遠ざけるNGワード

よくあるご相談の中で、お別れする理由に「生理的に無理なんです」というものがありますが、こちらも私は理由になっていないと考えています。

具体的に、何がイヤなのか？
なんとなく？　では、そう感じるときはいつなのか？

それを細かく深く分析していくことが大切なのです。

ある相談者で「生理的に受け入れられない」という女性がいらっしゃいました。何を聞いても、「なんかちょっと受け入れられない」「会うときに嫌悪感があって……」と、ご自身も要領を得ないご様子。

そこで、私が質問を変えて「どんなときにそう感じるのですか？」と尋ねると「ご飯を食べているとき」だと言います。

さらに「おそらく食事中に、何か気になることがあるのではないですか？　食事のマナーとか？」と聞くと、その女性は言いにくそうに「向かい合ってご飯を食べているときに、鼻毛が出ているときがあって」と話してくださいました。

私と会うのがわかっているのに、鏡を見てこないのかな、とかいろいろ考えてしまったようなのです。

「たかが鼻毛？」と思うかもしれませんが、その方にとってはとても大きなこと。

そこで私は「面と向かって言いづらいことですよね。もし次に会って鼻毛が出ていたら、そっとＬＩＮＥでその旨をメッセージしてみませんか？」とアドバイスしました。

仮に、それで男性が怒るようでしたら、そのときこそお別れすればいいのです。結果的に、こちらのカップルもゴールインされました。

大したことないと思う感覚は、人によってそれぞれ違います。

もし、違和感を覚えたら、できるだけ早く書き出してみることです。

日にちがたってしまうと、その事象にご自身の感情がつけ加えられてしまい、正確な情報がつかみづらくなってしまいます。

当日に言語化しておくことで、それが次のお見合いに活かせるようになります。「私はどんなことをされるとイヤか」という行動分析にもつながるからです。

数多くある出会いの中で、交際にいたる縁というのは限られている、と私は考えています。

いたずらに出会いを求めるのではなく、ご自身の手元に舞い降りた縁を、どうやったら継続できるのか――そちらのほうに情熱を傾けるのも、婚活を実らせる大事な要素ではないでしょうか。

もうがっかりしない！「幸せの閾値《いきち》」の広げ方

この項では、ぜひみなさんに持ってほしい「マインド」のお話をします。
婚活をしているみなさんであれば、誰しも1度や2度、お相手にがっかりしてしまったことがあるのではないでしょうか？

「素敵な人だな」
「会ってみたいな」

しかし、いざ会ってみると、なんだか思っていたのと違う……。
そう思うと、イマイチ次の展開に進むのも気が引けてしまいますよね。

では、なぜそう思ってしまうのでしょうか？

それは、予想していた相手が、自分の期待値を下回ってしまったからにほかなりませんよね。

つまり、自分の理想像があるがゆえに、相手を受け入れられない、そんなバイアスをかけて相手を見てしまっているのです。

「相手にがっかりしてばっかりで、イヤになっちゃう」と悩んでいるのなら、ここで思考を切り替えてみませんか？

人間ですから、まったく期待しないというのは難しいでしょう。

しかし「期待値を上げすぎず、相手を受け入れる」ようにすることで、いまよりも「がっかりする回数」は格段に下げられるはずです。

相手への期待値をムダに上げない2つの方法

期待値を上げずにすむ方法は大きく分けて2つあります。

1つ目は、結婚生活の現実を知る機会を増やすこと。

具体的には「結婚して、そこそこ幸せそうな人」に、結婚生活がどんなものなのか、聞いてみるのです。

「結婚生活をしたからこそ見えてくること」や「本当に大切にするべきなのはどんなポイントなのか」といったことは、やはり経験者に聞くのがいちばんです。

いろんな話を聞いて、結婚の神秘化や、一発逆転思考は、この際、捨て去ってしまいましょう。

2つ目は「幸せにしてもらう」思考から「幸せにしてあげる」思考への転換です。

Ｔａｋｅの精神からＧｉｖｅの精神へ、これも大事な思考の転換です。

結婚というのは、一方がもう一方に幸せをあげるものではありません。

一緒に幸せになること、つまり女性もまた男性に幸せをあげる、という思考でいることが重要です。

そのため、一度「私は結婚相手にどんな幸せ（と考えられるもの）が与えられるのか」を、考えてみるのもすごくいいことだと思います。

思考を変えるには、まず「視点」から。結婚生活の現実を知り、そのうえで自分の思考を少しずつ変えていくことをおすすめします。

「クレクレ精神」から変わることで、幸せだと感じるハードルも下がります。

すると「幸せの閾値」が広がり、毎日が楽しくなるのです。

そんなプラスの連鎖を、ぜひ体感してほしいと切に願っています。

「話せる相手」と「3回」会えば理想に近づける

よく聞かれる質問の中に「何回くらい相手と会えたら、結婚相手として見なしてもいいですか?」というものがあります。

みなさんは何回くらいだと思いますか?

私は「話せる相手」と「3回」会えば、結婚相手に近づけるチャンスはありますよ、といつもお話ししています。

じつは、**回数よりも大事にしてほしいのが「会うことができたか」**です。

こう言うと、みなさんにきょとんとされてしまうのですが(笑)、会話して過ごせればそれだけで十分、結婚相手として見なしていいのです。

そもそも、**交際できるハードルを、みなさん上げすぎ**だと思っています。

婚活で出会う人を急に好きになることはできませんし、話が弾むこともほとんどないと言っていいでしょう。なにしろ、まったく知らない者同士ですから、相手のことがわからなくて当たり前です。


そんな見知らぬ相手だったけど、3回は会えておしゃべりすることができた。

お互い、3回は「会ってもいいいな」と思える相手だった。


それなら、むしろ合格点と言ってよいのではないでしょうか。

3回会う人が3人できたなら、そこから、交際相手を1人にしぼって考えてみてもいいと思います。

「いえ、3回も会えません！」という場合もあるでしょう。

その場合は、まず3回会うことを自分に課すのです。

ある女性の相談者は、婚活を始めてから「必ず毎週デートする」と決めて、自分の条件に当てはまりそうな人に会い続けました。

その間は仕事をセーブして、とにかく婚活に全力投球。その結果、3回会える相手を見つけ、結婚にいたりました。

後日、話を聞いてみると「絶対に毎週会う、と決めて動いただけです。ただ、やっぱり途中しんどいな、と思うこともありました」と、笑いながら話されていました。

婚活を続けるのは、たしかに楽ではありません。毎週違う人に会うというのも大変なことです。

しかし「短期間だけ」という気持ちで臨めば、必ず結果はあらわれます。

自分で動いた分、理想をつかみ取ることはできる。私はそう伝え続けています。

実際にはもう「第3の縁」で出会えている？

2時間目の授業で、最後に私がいちばん伝えたいこと、それは婚活には「第3の縁を確実につかむことが大切です！」ということです。

「第3の縁」って何って思いますよね？

次ページの図をご覧ください。

「第3の縁」とは、端的に言うと「好きではないけど、居心地がいい」「タイプじゃないけど一緒にいてすごく楽」と感じる人とのご縁のことです。

第1の縁と第2の縁に比べて、第3の縁はとても小さいですよね？

好きではない人なので、つい見逃してしまうのですが、この縁をつかめるかどうかが、とくに30代以降の婚活には重要になってきます。

第3の縁って？

①第３の縁は自分のまわりにある
②第３の縁は気づきにくい
③第３の縁は幸せへのチャンス

縁（円）の解説

1. 大恋愛、2. 恋愛、3. 第３の縁、4. 知り合い、5. 他人

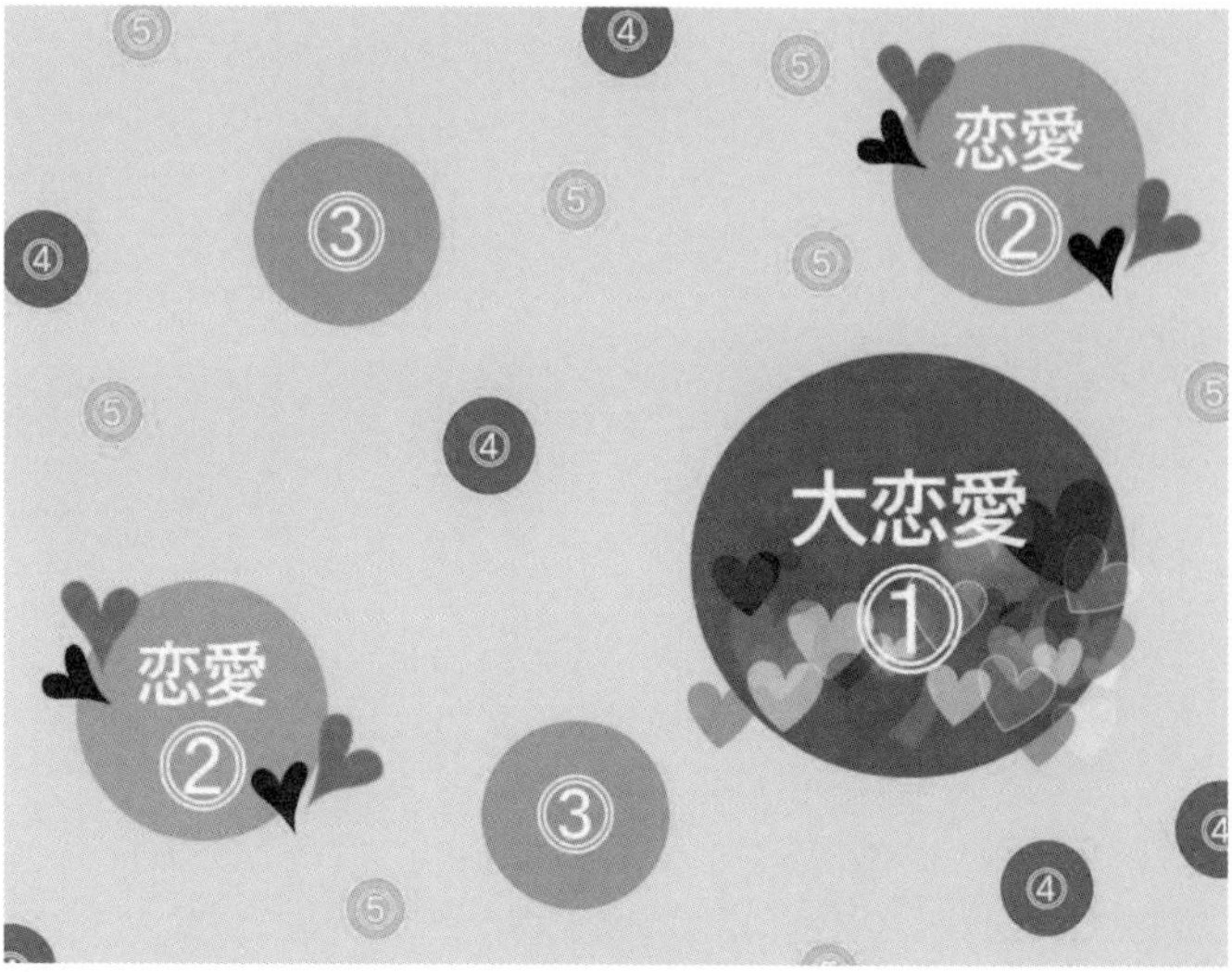

この本を読んだあなたなら、第３の縁を見つけられます！

この「第3の縁」は、30代以降の年齢になって、はじめて見つかる縁と言ってもいいでしょう。

なぜなら、まず、20代でこの縁をつかむには、経験が浅く難しいから。

そして、この縁こそ、自らの手でつかみ取れる幸せだからです。

たとえば、仮に30代でも「好きな人が半年に1回くらいできる」というくらいの恋愛体質であれば、もしかしたら、まだそれなりに可能性はあるのかもしれません。

しかし「人を好きになるのは数年に1度」であれば、今後、好きな人ができるかどうかもわかりませんし、可能性としては低い。

それでは、幸せを待っているだけです。

この「**第3の縁**」**をつかんだほうがいい人は、まさしくこのような**「**幸せを待っているだけの人**」です。

低い可能性に賭けるよりも「好きではないけど、居心地がいい」「タイプじゃないけど一緒にいてすごく楽」という相手を探したほうが絶対にいい！

そこでまず、過去から自分の恋愛傾向を見てみましょう。

1年に1回も好きな人ができない人であれば、いますぐにでも「第3の縁」を探しに行くべきです。

「恋愛脳」が結婚の邪魔をする

「第3の縁」を探すうえで、捨ててほしいものが「恋愛脳」です。

この縁で結ばれる相手は、そもそも「恋愛相手にふさわしい人」ではなく「結婚相手にふさわしい人」です。

言い換えれば、自分を大事にしてくれて、一緒に生活できるパートナーなのです。

女性は、多くの方が男性の戸籍に入るという立場上、男性から選んでもらう立場にいるという側面があります。

そういうことを考えても、男性のほうから好きになって選んでもらうというのは、大きなアドバンテージを持っていることになります。

もちろん「自分は全然好きじゃないのに……」という考えがあるのはわかります。それに「『この人に決める！』っていうのが怖い」という気持ちも十分に理解できます。

しかし、それらを乗り越えた先に幸せがあります。

それは、多くの「第3の縁」をつかんだ相談者が証明してくれています。

「よし、さっそく自分も第3の縁を見つけてみよう！」と思ったみなさん。大丈夫です。もうすでに、相手とは出会っているということが多いのです。

一緒にいると楽な人。お互いに沈黙しても別に気にならない人。「話しやすいな」と感じる人……。

あなたのまわりにいませんか？

Lesson3　Looking for a life partner

03時間目

理想の「結婚運」は自分でつくれる

あるとき、ひとりの女性が当結婚相談所を訪ねてきました。

彼女を、仮にAさんとお呼びしますが、Aさんは婚活をスタートして2か月目、慣れと同時に、少し疲れがにじみ出てくるころでもあります。話を聞いてみると、なかなか思ったようにお見合い成立にならず、落ち込んでいるのだと言います。

実際、婚活を進めても、お見合いに進むのは2割〜3割程度です。お見合いしたくても、なかなか決まらずにテンションが下がってしまう相談者も少なくありません。

Aさんは続けて私にこう言いました。


「わたしは昔から、運がないんです……」


こう呟《つぶや》いたAさんが、実際よりひと回り小さく、また心細そうに見えました。

でも、壁にぶつかったときこそ私たちの出番です。Aさんが話し終わるのを待って、私はこう語りかけました。

「なかなかうまく物事が進まないと、落ち込んじゃいますよね。でもね、Aさん。運がいいとか悪いとかって、最初から決まっているものじゃないんですよ。いい運は、自分で引き寄せることができるんです」

そうは言っても、どこか半信半疑なAさん。

「Aさんと同じように『運が悪いんです』と言って、悩む方々をたくさん見てきました。だけど、みなさん自分で運をつかんで、ここから卒業された方ばっかりですよ！」
「そうなんですか!? 三島さん、私もその運のつかみ方、ぜひ知りたいです」

少し元気が出てきたAさんを見て、私もひと安心。その後、Aさんはやる気をとり戻して、自分から進んでアクションを起こすようになりました。

この本を読んでくださっているみなさんも「自分は運が悪い」と思っていませんか？
幸運、そして良縁。これらを引き寄せるカギは、自身の思考に隠されています。白馬に乗った王子さまが、運命のごとく目の前に現れると思っていませんか？
3時間目は「結婚運を引き寄せるための思考」についてお話ししていきます。

「運がいい」と言われる人の特徴って？

運がいい人の思考をお話しする前に、ちょっと私の仕事の話をさせてください。

私は起業してから11年以上、経営者をやらせていただいていますが、世の中には私なんかとは比べ物にならないくらい、やり手の経営者がたくさんいます。

それらの経営者を見てみると、ある共通点がわかります。

・とにかく勉強している
・情報の吸収力が高い
・会社がどんなことをすればいいかピックアップできる

とにかく頭がいいし、勉強熱心なのです。それに比べて、私は勉強もそんなに好きではないですし（笑）、情報のキャッチアップも、ほかの経営者より劣ります。

ではなぜ、私は11年以上も経営を成り立たせて、こうして本を書けるほどにうまくやれているのか？

それは**「自分の役割を知っているから」**につきます。

たとえば、私は、自分の得意なこと以外、余計なことには手を出さないと決めています。選択と集中を実践し、自分ができることに全力を注いでいるからこそ、瞬発力を生み出すのだと思っています。

このように運がいいことは偶然ではなく、合理的に運を手繰り寄せているのです。

特徴① 自分を知っている

運がいい人の特徴の1つ目は「自分を知っている」ことです。

あなたは「自分の得意なことを3つあげてみて」と言われて、パッと出てくるでしょうか？

このように「自分はどんなことが得意で、逆にどんなことは苦手なのか」など、自分の性格や性質を分析できている人ほど、迷うことなく自分の力を最大限に発揮できます。

自分を知ることは、同時に適性を知ることでもあります。

先ほど、自分の得意なことが３つあげられなかった人は、もう一度、自分自身を振り返ってみてください。

得意なことをきちんと把握できていると、自信につながり、男性との会話も弾みやすくなったりして、スムーズに良縁にたどり着けます。

たとえば、自分は人並みレベルな料理ができたとして、その中でハンバーグがいちばん得意な料理だと把握できていたとしましょう。

そうすることで、男性との会話中に彼が「ハンバーグが好きだ」とわかったら、得意なハンバーグ料理の話をうまく会話に入れ込めるでしょう。

そして、自信をもって伝えられますよね？　それが、自分を素敵に見せる武器になります。

こうして、ほんの小さなことでも自分をうまくアピールできれば、運を引き寄せ良縁に近づけるのです。

特徴② 決断力がある

「決断力がある人」も運がいい人と言えます。

ここでいう「**決断力がある人**」とは「**他人の意見に振り回されず、自分で物事の選択と決断ができる人**」や「**決断までに時間をかけない人**」**のこと**を指します。婚活がなかなかうまくいかない人は、この2つがまるでできていないことが多いのです。

「決断する」というのは、自分でくだした選択を受け入れるということでもあります。言い換えれば、自分を「運がない」という人は、選択するという覚悟ができていないのかもしれませんね。

どんな物事も、選択してどうなるかは、誰にもわかりません。

だから「選択するのが怖い」「誰かに決めてもらいたい」と思ってしまうこともあるの

は理解できます。

しかし、それではいつまでたっても現状を変えることはできません。

現状が変えられなければ、いつまでたっても婚活で堂々めぐりをして、時間だけが流れてしまうことになります。

それで本当にいいのでしょうか？


一つ、私の相談者の事例をご紹介しますね。

その相談者は、交際相手といよいよ結婚というゴールイン間近でした。

しかし、あるとき「じつは彼と本当に結婚していいか悩んでいるんです」という相談を持ちかけられました。

そこで、私が詳しく話を聞くと「2年後の引っ越し先が決まらなくて、彼と話し合っている最中なんです」と言うではありませんか……。

これには私も目が点になってしまいました。だって、いまから2年後の心配をしているのです。未来のことはわからないというのに！

もっとも、**婚活がうまくいかない相談者は、こういった「未来の不安」を口にして悩**

んでいることが少なくないのです。

でも、そのたびに私はこうお伝えしています。

「まだ起こってもいない未来に対して、いまからあれこれ考えてしまうのは、2年後、隕石《いんせき》が落っこちてきたらどうしようと同じくらい、考えてもしょうがないことですよ」

もちろん、結婚という大きな決断は間違えられない、という気持ちはわかります。

しかし、そうやって悩んでいるうちに、チャンスは確実に減少していきます。厳しいようですが、**選ぶチャンスがあるうちに選ぶ!**

これが最重要です。

婚活では「優柔不断は最大の敵」と心得よう

前項で「運がいい人は決断力がある」と言いましたが、逆に決断力のない人、そういう人を優柔不断と言います。

婚活では、優柔不断は「最大の敵」となり、運を逃がす最悪の原因になります。**優柔不断さえ克服できれば、婚活で悩むことも苦しむこともない、と言っても過言ではないでしょう。**

ただし、同じ優柔不断でも、タイプによって5つに分けられます。

ここで、その5つのタイプについてお話しするので、もし自分に1つでも当てはまっているようでしたら、婚活中は注意しましょう。

また、相手がそういうタイプではないか、見極める際にも役立ててください。

①答えを出すのに時間がかかるタイプ

婚活は、時間との戦いです。

自分だけのことであれば、時間をいくら費やしても構わないでしょうが、婚活には相手がいて、その相手の時間も奪っていることになります。

それなのに、**婚活には相手がいるということを忘れている方が非常に多い**のです。

ご縁は、生き物のように、つねに動いています。答えを出すのに時間がかかる人はタイミング（運）を逃し、ご縁をつかむことができないでしょう。

②答えを出すのを逃げるタイプ

結婚相談所は、出会いから短期間で結婚を決めなければいけない、というルールがあります。とくに、小規模の結婚相談所においては、そういうルールが定められているにもかかわらず、決められないからと期間を延ばそうとする方がいます。

どんな出会いであっても、答えを出さないといけません。それなのに、答えを出さないで逃げるのです。

婚活アプリやプライベートの出会いでは、ルールがない分、決められずに答えを出さない人がとくに多いです。**自分の気持ちを優先して、相手の気持ちを考えていない罪深い人と言えます。**

こういう人は男性に多い印象ですが、じつは女性にもいっぱいいます。

とくに、適齢期と言われる30代の出会いでは、答えを出さないで逃げ回る人には注意しましょう。こういった人には、きちんと期限を意識してもらうことが大切です。

③答えは出ているが、自信がなくて言い出せないタイプ

このタイプは一見、控えめでよさそうな印象に思われがちですが、自分の意見を伝える勇気が持てないということです。

イエス・ノー、答えは出ているにもかかわらず、相手に伝える能力がないので、お相手もあなたの考えていることがわからず、戸惑ってしまいます。

結婚相談所のように、サポートがついているところでの出会いならば、こういうコミュニケーションの部分は担当がリードしてくれると思います。

しかし、プライベートの出会いなどでは、誰も自分の答えを代弁してくれる人はいま

せん。そうして、いつの間にかご縁を逃してしまうのです。

④答えは出ているけど、相手の意見を優先させたいタイプ

このタイプは、察する力のある日本人、とくに女性にありがちなタイプです。こちらも一見、感じよく思われがちですが、相手の意見を優先したい気持ちの裏には、自分は責任を負いたくないという考えがあります。

さらに、このタイプは結婚してからも苦労することが多いです。夫の意見を優先させてしまって、自分で自分の生活の居心地を悪くしていきます。

夫婦関係は基本、対等であるべきです。どんな意見だろうと、自分の意見も伝えられるようになりましょう。相手の意見を優先させることも時に必要ですが、自分の意見はきちんと伝えること、要はさじ加減が大切です。

⑤答えを出す方法がわからず、止まってしまうタイプ

問題の解決方法がわからないと、思考が停止するタイプの人がいます。実際にあった例をお話ししましょう。

ある相談者は、専業主婦が希望でした。しかし、お相手の男性は、仕事を続けてもらうことを希望しています。話し合った結果、子どもができるまでは仕事を続けるということで折り合いがつき、交際することになりました。

しかし、交際が進むにつれて、不安が募ってきました。仕事と家事の両立ができるかな……と。

そして、あるとき、音信不通になります。

男性が女性に連絡をしても、なしのつぶて。男性は心配になり、私どもに助けを求めてきました。私が女性に連絡をしたところ、やっと連絡がとれました。彼女曰く「**不安で不安で、どうしたらよいのかわからず、連絡を絶ってしまった**」というのです。

この相談者には、この事件が起きる前にも「何か不安なことがあれば、すぐに連絡してね」と伝えていたにもかかわらず、私どもにも連絡をしてきておりませんでした。

思考停止、気づいたときには、あとの祭り。

男性からは、「何かあったときに音信不通になるような方とは結婚できません！」ということで、このご縁は破談となりました。

以上5つのタイプ、いかがでしたでしょうか。自分に思い当たる節はありますか？

運を味方にするトレーニング方法

運がいいと言われる方の特徴をお話ししてきましたが、そうはいっても急に自分を変えるのは難しいですよね。

そこでまずは、決断力を鍛えることから始めてみましょう。日々の生活の中で決断力は鍛えられます。

たとえば、レストランに入ったら、メニューの中から1分以内に「自分で」食べたいものを決めるのです。**最初はアレコレ迷ってしまうかもしれませんが「決める」ということを意識するだけで、ずいぶん変わってくるはずです。**

小さな決断ができたら、今度は中くらいの決断、そして大きな決断と徐々にレベルアップしていけばいいのです。

ちなみに、一緒になって「どうする〜？」と悩んでくれる女友だちと違って、**男性は**

優柔不断な女性を苦手にしている人が多いです。レストランでスパッと即決できる女性ほど、婚活で好印象であるということも覚えておきましょう。

運をつかむのは、ほかの誰でもありません、自分の力です。ぜひ今日から、そして小さなことからチャレンジしてみてください！

幸せをつかむには気持ちよりも行動を優先させる

「良縁・幸運は、自分で引き寄せることができます」と同じくらい、私は「相手の気持ちは簡単に動かせません。動かせるのは自分の気持ちだけです」と言う機会が多いです。

前半の「相手の気持ちは動かせない」については、みなさん、割とご納得いただけるのですが、後半の「自分の気持ちは動かせる」は少々わかりにくいようです。

このお声がけも本当によくしていますが、大多数の相談者は「そう言われても……」と、なかなかピンときてくれません。

ではここで、結婚相談所を使ってゴールインした男性の話をご紹介します。

この男性（ここではBさんとしましょう）は「彼女はいい子だけど恋愛感情までにはいた

ってない」という、いわゆる「第3の縁」で結婚された方です。

好きではないけれど、嫌いでもないから結婚したのですが、もちろん後ろ向きな気持ちではなく、自分から積極的にチャレンジして、結婚後も彼なりに妻を大事にしつつ、日々の暮らしを送っていました。

それからほどなくして、奥さまが妊娠。出産間近になり、里帰り出産のため、奥さまは実家に戻られました。

家にぽつんと残されたBさん。このとき、はじめて「ああ、妻のこと、おれは好きなんだ」と気づいたそうです。


「え〜!? いくらなんでも好きになるのが遅すぎない?」と驚くかもしれませんが、このお話の本質はそこではありません。

結婚してから数年、**奥さま自体は何も変わっていないのに「Bさん自身の気持ちが変化した」ところに注目**していただきたいのです。

Bさんは、このひとりになったタイミングで、私どもに「いま、はじめて幸せと感じています」と、そうお話しくださいました。

経過してから、幸せに気づいたBさん。それはBさん自らが、結婚にチャレンジした末、つかみ取った宝物と言ってもいいと思います。このことからもわかるように、自分の気持ちは自分の行動次第で、あとから動くこともあるのです。

婚活を続けていると「そもそも好きになんてなれない」「相手が魅力的だったら、自然に気持ちは動く」という話も聞きますが、私は、それはただ幸せを待っている「受け身ちゃん」にすぎないと思います。

ご縁というのは、自分で待っていてもなかなかつかみ取れません。本当に結婚したいと思うなら、やはり「自分から幸せをつかみ取ってやる」という前向きな行動が、運を引き寄せるためにはすごく大事だと、長年の経験からも確信しています。

結局は婚活中よりも婚活後のほうが大事

もう一つ、このBさんのお話で伝えたいのは「結婚してよかった」と気づけるのには時間差がある、ということです。

成婚した相談者の中には「結婚して、ふたり目の子どもが生まれたあとに幸せと気づいた」という方もいらっしゃいました。

毎日の暮らしの中で、シチュエーションが変わることで、気持ちがガラッと変わることは、みなさんが想像している以上に普通にありえることなのです。

だからこそ、私は「**結婚とは、味わいがどんどん変わるおいしい料理**」と位置づけています。

ね、そう言われるとちょっと食べてみたくなりませんか？（笑）

気持ちというのは、行動のあとについてくることもあるから、まず行動して運を逃がさないようにしましょう。

勝負のときは短い！「もっとほかにも」の思考は消去

厳しい条件に思われるかもしれませんが、当結婚相談所は、女性は34歳までの方を入会条件にしています。

でも、大丈夫です。この本は、35歳以降の女性が読んでも効果が出るように書いていますから。安心して、先を読み進めてください。

さて、私は結婚相談所に入っていただく際、みなさんに2つのことをお願いしています。

「結婚できる時期は短いんです！　だから大切なのは、短期集中でがんばること」

「とにかく同じ相手に3回は会ってみること」

その中でも、私は「勝負できる時期は短いのです。ですから『ほかにもいい人がいるんじゃないか？』という思考は捨ててください」と繰り返し伝えています。するると、みなさん「そうは言っても、いきなり気持ちを切り替えられません」とおっしゃいます。しかし、現実はそう甘くはありません。私は無理にでも気持ちを切り替えるべきだと考えています。

なぜなら、**30歳女性と、35歳女性で条件に当てはまるものが同じであれば「30歳の人に会ってみたい」というのは、男性の自然な思考**だからです。

人間は数字には弱いものです。

「どうしても男性の年収を見てしまう」という女性が多いように、どうしても女性の年齢が気になる男性のほうが圧倒的に多いのです。

27歳と28歳の女性では、男性から見てもとくに違いはありません。ですが、32歳と33歳では、残念ながら大違いです。これは私だけではなく、**長年婚活にたずさわってきたアドバイザーなら、ほとんどの方が納得する**のではないでしょうか。

そのため、20代で1歳年をとるのと30代で1歳年をとるのとでは、男性に与える印象、影響は多大なものです。

厳しいようですが、男性目線から考えると、**30代で1歳年をとったら、婚活市場では3歳年をとったものと思ってください。**

とはいえ、これに近い現象は男性にも当てはまります。

女性ほど細かくは年齢チェックをされませんが、30代と40代の婚活では出会う「質」が変わってくるのは間違いありません。

すなわち、いまの自分の年齢に合わせた思考、そして婚活の仕方を変えなければ、いつまでたっても結婚にはたどり着けないのです。

「願望」を捨てた人から結婚できる

20代で恋愛してきた経験や、モテてきた経験も、30代ではまったく通用しません。30代でもモテている人は例外的にいますが、それは自ら自己研究を重ね、戦い方を変えているからです。

しかも、モテているからといって、結婚できるとは限りません。

結婚相談所でいくら出会いを提供したとしても、ご本人が「まだほかにもいるかも」と思っていては、当たり前ですがいつまでたっても結果は出ません。

どこかで決めなければなりませんし、30代には、それほど時間が残されていないのです。20代のころとは、戦略を変える必要があります。

その一歩が「まだほかにもいるかも」願望を捨てること。願望にいつまでも執着していては、運は逃げていく一方。捨てた人から結婚できると言ってもいいほどです。

婚活を数年している人が言われるもう一つのこと、それは「婚活をはじめたばかりのときのほうが、条件的にもいい」ということです。

そんな当たり前のこともわからなくなるのが、婚活の恐ろしいところです。

「まだほかにもいるかも」と言う方には、私はいつも「もういません」と返します。

年齢に合ったやり方、考え方にシフトチェンジして、ぜひ運を味方にして良縁をつかみましょう。

婚活写真は「命」。いまの自己ベストを尽くす方法

婚活写真の出来栄えは、運命の分かれ道です。

どこの結婚相談所でもそうだと思いますが、その方にとって最高の一枚になるよう、スタッフ一同全力を尽くしています。

いわば婚活写真は、初対面でその方の印象を決定づけてしまうほど重要なものです。

だからこそ、相談者にも「いまできる最大限の綺麗を発揮すること」をお願いしています。

しかし、この「綺麗」には条件があります。

・異性にウケがいい、清潔感のある洋服にすること

・とびっきりの笑顔であること
・日ごろから肌や体のコンディションを整えておくこと

つまり**「異性から選んでもらう」ための格好と「異性から求められる」女性でいてください、**ということです。

たとえば、プライベートでは「デニムをはくのが好き」「ラフな格好が好き」という方もいるでしょう。しかし、婚活にのぞむからには、その個性をいったん封印して、求められる女性像、あるいは男性像になってほしいのです。

「自分らしさを出せない婚活なんて意味があるの？」と言われることもありますが、やはり異性から好かれやすい格好、好印象を与える態度、しぐさなどはあります。

少なくとも、婚活の期間中は、そういったことを実践してみてほしいのです。

私自身、16年以上にわたって、多くの結婚をまとめてきましたが「ありのままを受け入れてほしい」「無理してまで出会わなくていい」「結婚できるならしたい」などと発言されている人は、残念ながら自分で運を遠ざけており、良縁は訪れない、という実感を持っています。

厳しいようですが、婚活のときだけでも自分を魅力的にする努力ができない人は、おそらく結婚後の生活においても努力できないでしょう。

結婚は、どれだけ相手が求めていることに応じられるか、適応力が試される場でもあります。その前段階である婚活においても、適応力をつちかっておくことは、運を切り開くためには必要不可欠なのです。

相手の好みに合わせる適応力は結婚後も必要

それでも、なかには「私は私。無理してまで自分を変えたくない」と思われる方もいるかもしれませんが、ちょっと考えてみてください。

結婚してから生活していくうえで、考え方の違いから折り合いをつけることや、やってくる妊娠や出産、子育て、あるいは転勤などで、ライフスタイルの変更に合わせてその都度、努力することは求められます。

いずれにしろ、いつまでも「いまの自分」を貫くことは難しいのです。

それに、異性同士が生活するのですから、自分を美しく保っている妻のほうが、夫もうれしいはずです。

もちろん、これは妻から見た夫にも当てはまりますから、結婚したからと言ってお互いに油断は禁物ですよ（笑）。

素敵な婚活写真のように、みなさんは誰もが綺麗になる、かっこよくなる素質を持っています。

自分のよさを最大限、写真に出し尽くすこと。
それも期間限定でいいのです。

自分の個性を徐々に出すことや、好きな洋服を着ることは、結婚したあとにいくらでもできます。

相手だって、少しずつ出てきた個性については受け入れられるものです。

本当に結婚したくて、賢く動いていた知人がいました。彼女はボブカット、デニムファッションが大好きでした。それが似合ってもいました。でもあるとき、急に髪を伸ばしはじめて、スカートをはくようになったのです。

理由を確認したら、婚活をはじめたというじゃないですか。彼女は婚活アプリで出会いを探したようですが、男性はどういう女性を求めているのかを研究して、自分改造をしていました。

そして、なんと3か月で結婚しました。

まさに彼女は運に頼るのではなく、運を味方にして良縁をつかんだ好例です。

ちなみに、そんな彼女は結婚したとたんに、髪をボブにして、似合うデニムファッション姿に戻していました（笑）。

婚活中だけでも、適応力を発揮してご縁をつかみましょう。

相談相手を間違えない！とくに親への相談は避ける

運を逃し、結婚できない意外な理由、みなさんは何を思い浮かべますか？

じつは、その理由の一つが「親に相談する」という行為です。

もちろん、結婚するにあたって、とくに口を出さない親御さんもいるでしょう。

しかし、結婚相談所にいらっしゃる相談者は、婚活の進捗《しんちょく》、結婚相手の条件、また自分の結婚相手がこの人でいいのか、というところまで、あらゆることを親御さんに相談する方が一定数いらっしゃいます。

そして、この一定数の方々が、残念ながら「運がない」「縁がない」を口にする割合が高い。**親御さんに相談することで、みすみす良縁を遠ざけてしまった方をあげればキリがないほどです。**

私は、ここでもはっきり申し上げたいのですが、結婚に関して他人の意見を差しはさむべきではありません。

とくに親御さんは、我が子かわいさゆえ、結婚相談所での出会いを色眼鏡で見てしまう傾向があり、冷静な判断ができないことも多くあります。

何より、結婚するのはみなさんご自身であって、決して親御さんではないはずです。

婚活を「親離れ」のいい機会ととらえよう

たとえば「代々続くお店や家業を継ぐなど」の例外的なケースであれば、家族が絡む話なので、親への相談はあるべきかもしれません。

しかし、それ以外のいわゆる「一般市民」であれば、親の意見は聞くべきではありません。

大事な自分の人生を、親であれ、人に決めてもらっていいのでしょうか？

なかには「親とは仲がよくて、とくにお母さんにはなんでも相談してきた」という方もいらっしゃいます。

親と仲がいいのはもちろんいいことですが、だからといって結婚後も親に頼って、なんでも相談し続けるのでしょうか？

それでは、結婚生活がうまくいかないのは目に見えています。

この際、婚活をいい機会ととらえて、親離れをしましょう。

結婚は、まずは自分たちで生活をつくっていくものです。基本は、家庭で起こったことは、自分たちで解決をしていく。その覚悟がないと、幸せな結婚生活は送れません。親が何か聞いてきても、スルーするくらいの強い気持ちで婚活したほうが、私の経験上、結果的に幸運、良縁をつかめますよ。

どうしても相談するなら「婚活して幸せな先輩」

それでも、もし、どうしても誰かに相談したい場合には、既婚者で、現実的な結婚生活の話をしてくれる人を選んでください。

できれば、婚活で少し苦しんだけど、いまは幸せな結婚生活を送っている人に聞いてみるのが、いちばんいいですね。自分ひとりで抱えていた悩みは、同じ道を通ってきた先輩のアドバイスが、もっとも説得力があるからです。

私は、人には誰にでも結婚するチャンス（運）が来ると思っています。

本当に大切なのは、そのチャンス（運）を逃さないことです。

結婚する理由は人それぞれ、いろいろな理由があるでしょう。

「体が弱いから、ひとりで生きていくのは心細い」「子どもを産んで育てたい」「生活に安心感がほしい」など、それはその人だけの大切な理由であって、結婚する目的でもあります。

その目的は、簡単に人の意見で左右されていいものではありません。

婚活では、自分の人生を決めるのは自分自身、と覚悟を持つこともとても重要です。

さて、3時間目は、「運」の話から思考の部分を深く掘り下げた章となりましたが、最後にもう一つお伝えしたいことがあります。

社会人として働いているみなさんであれば、仕事の悩みや人間関係の悩みを、どうにかこうにか自分だけの力で乗り越えてきたはずです。

それなのに、なぜか婚活になると、急に親御さんの意見が聞きたくなる……。これは本当の意味での親離れができていない、何よりの証拠でもあります。

親は、順番で行けば先に亡くなります。そのあとは、みなさん自身で生きていかなければなりません。

いざというとき、相談したくても親御さんはいないのです。

いつかそのときが来る前に、親から自立しておくこと。これは、みなさん自身の人生にとって決してマイナスにはならないはずです。

前項でも少し触れましたが、婚活するということは「親から自立する」というプロセスでもあります。**これまで仕事や人間関係を乗り越えてきたみなさんなら、結婚というイベントを乗り越えられないはずがありません。**

私たちはいつもそんな気持ちで、相談者を時に励まし、そして寄り添いながら婚活支援をさせていただいています。

ぜひ婚活を通して、ご自身のバージョンアップをはかってほしい！

私はそう願っています。

Lesson4　Looking for a life partner

04時間目

自分のことがわかったときが、幸せになれるとき

結婚相談所では「相談者のよきパートナーを見つけるご支援をする」のが使命ですが、ただただお相手をご紹介するだけではありません。じつは「相談者が自分のことを深く知る手助けをする」ことも大事な仕事の一つです。

自分はどんな人間なのか？


普通に生活をしていると、なかなか自分を振り返る機会ってないですよね。

でも婚活は、物事に対して自分がどう考えているか、自分はどんな性格なのかといった「自分を知る」機会でもあるのです。

RPGの主人公のように、自分がいま、どんな武器を持っているのか知ることができれば、その武器に合わせてフィールドを選ぶこともできます。

もし、レベルの高いフィールドに行きたいのなら、武器や装備を強化する必要がありますよね？

婚活も、それと同じ原理です。

ただし婚活の武器は、俗にいう「モテ要素」とはちょっと違います。

美人が有利な点は婚活でも否めませんが（とはいえ、有利なのは「お見合いのお申し込みが増える」くらいで、それほど多いわけではありません）、恋愛経験が豊富でなくても問題はありませんし、恋愛のテクニックをいくつも持っている必要はありません。

本文でも詳しく触れますが、それどころか過去に恋愛経験が豊富な人ほど、結婚が遠ざかってしまうこともあるほどです。

とくに**30代になってから恋愛結婚を目指すのは、じつは危険**でもあります。恋愛は不確実なものです。20代ならともかく、たとえば、33歳でつき合い始めて、そのまま結婚できず、5年後に破局したら、38歳でまたゼロから始めなければなりません。

そう考えると、恋愛結婚は「絶対に結婚したい！」という女性には、むしろ不向きとも言えますよね。

結婚と恋愛は、まったく別物です。

したがって、婚活に必要となる武器や準備も異なってきます。

それでは「私はこういう人間なんだ」という自分自身を知る手がかりを、4時間目の授業では見つけていきましょう。

恋愛経験が豊富な人ほど、じつは結婚が遠のく？

「私、人を好きになったことがないんです……」

「恋愛経験がほとんどなくて……」

このように、声をひそめるようにお話しする相談者は少なくありません。

しかし、いままで数百の結婚をまとめてきた私が、ここで断言します。

「**人を好きになったことがない人ほど、結婚のポテンシャルがあります！**」

これは慰めでもありませんし、気休めでもありません。

むしろ「恋愛経験が豊富だから結婚しやすい」と結論づけるのは、私は間違いだと考えています。

恋愛経験が豊富な方ほど「自分はいつか結婚できる」と信じ、気づけば年を重ねている傾向にあります。知らず知らずのうちに「自分は大丈夫だ」と過信し、婚期を逃しているのです。

その自信は、どこからくるのでしょうか？

恋愛は麻薬のようなものです。

脳が恋愛に制覇されていると、恋愛至上主義になってしまうのも無理はありません。

しかし、恋愛脳のまま婚活モードに突入すると、「恋愛から結婚」だけが正しくて、それ以外は間違っている、と認識してしまいます。

これは、恋愛豊富な人がおちいりがちな落とし穴でもあります。

一方、恋愛経験の少ない方たちは、この恋愛脳に支配されていません。

そのため「**結婚は好きな人とするもの**」**という意識が薄く、むしろ**「**いい人がいれば結婚しようかな**」**という柔軟な発想**を持つことができるのです。

「恋愛経験が少ない……」からこそ婚活に向いている

105ページの縁（円）の図でも説明したように、ご縁には、大きな縁と小さな縁が存在します。

大きな縁とは、恋愛結婚のこと。好きな人とでないと結婚できません。だから結婚よりも恋愛相手を探してしまいます。しかし、なかなか成就できず、結果として結婚しない、というループにはまりがちです。

「好きな彼と何年もつき合ったのに結婚できない」という女性はたくさんいます。まあ、仮に何年後かでも、結婚できればまだいいのですが、それで別れてしまったら目も当てられません。

大きな縁といえば聞こえはいいかもしれませんが、実際にはかなりリスクが高いのです。

とくに20代後半以降の女性はご注意ください。

一方、小さい縁とは、お見合い結婚や知人の紹介、異性としてはなかなか意識できない感情、「第3の縁」です。

普通なら意識しないほどの小さな縁ですが、恋愛経験がない人は、この小さなご縁を敏感に感じ取っていく力を持っています。

「あ、なんか居心地がいいかも」「話しやすいな」

これくらいの軽い感覚に気づけるからこそ、結婚のポテンシャルを持っているのです。

「私は恋愛経験が少ないから自信ない……」と悩むみなさん、そんなことで悩む必要はまったくありません。

結婚の理由なんてなんでもいいのです。まわりの人の恋愛経験と比較することなく、自分の婚活を進めることが何よりの近道です。

婚活期間は3年まで
「婚活の期間が長すぎる人」の特徴

私は、婚活の1クールを半年ととらえています。

結婚相談所に入会後、1クールガッツリがんばれば、決して結婚は難しいことではありません。

1クール終えてみて、まだ結婚相手にめぐり合えなければもう1クール。

ちなみに、成婚退会までのお見合い回数の最頻値は5〜9回とされており、この数字から見ても、半年〜1年ほどで結婚相談所を卒業されていく方がほとんどです。

逆に言うと、婚活に1年以上の月日をかけるのは、得策ではありません。どんなに長くなっても3年まで。

しかし、ガッツリ3年間、がんばって婚活を続けても、結婚できない方もいらっしゃいます。もし、みなさんの中に当てはまる方がいらっしゃったら「自分に癖があるな」と感じたほうがいいかもしれません。

では、ここで「婚活の期間が長すぎる人」の3つの特徴をお伝えしたいと思います。

特徴① 神経質で、小さなことを気にしすぎる傾向がある

たとえば「待ち合わせに5分遅刻してくる」「LINEがない、返してこない」「男の人が言った一言を根に持ち、サラッと水に流せない」といった事柄に対して許すことができない人です。

言い換えると、まわりから見ればささいなことなのに、それをずっと気にしてしまうタイプです。

お相手が、5分遅刻してくる場合、もしみなさんが5分前に着いていたら10分待つことになります。5分ちょっとでも毎回のように遅刻されたら、たしかにイヤな気持ちになるかもしれません。

でも、**それならば、もう最初から「7時くらいね」と、アバウトに時間を決めてしまえばいいだけ**です。何事に対してもきっちりしすぎるのも、今度は「他人を許せない人」に代わってしまうおそれがあります。

特徴② 被害妄想が多い

女性に多いイメージなのですが、まだ起こっていないことに対して「〜かもしれない」と言って、自ら心のシャッターを閉めてしまう人を指します。

私の相談者で、こんな方がいらっしゃいました。

ある男性は、高卒で早くから社会に出て仕事をしてきた努力家さん。その甲斐もあって、年齢から見ると比較的よいお給料と待遇で働いていました。

一方、相談者である女性は、あまり要領がいいほうとは言えず、仕事を一生懸命がんばっているにもかかわらず、望まない待遇を受けていました。

私は、この男性を、その女性の相談者にすすめてみました。

「性格もいい方ですから、ぜひ真剣に交際をしてみては？」

ところが、女性は首を縦には振りません。

そこで「なぜ？」と理由を聞いたところ、女性は「私は何をするにも要領が悪いから、もし交際できても、要領が悪いって思われてしまうかもしれないので……」と答えたのです。

まだ言われてもいない言葉に対して、自ら予防線を張ってしまう。

これでは、いい縁が近づいてきても、入り込む余地はありません。

「～って言われるかもしれない」と、自分でいい縁をブロックしてしまう「～かも病」、みなさんはかかっていませんか？

特徴③ 考えすぎ

これも「～かも病」と同じ類いなのですが、未知のものに対して、あれこれ思いをめぐらせてしまう、考えなくてもいい未来の不安まで抱え込んで、結局、動けなくなってしまうという、いわゆる「考えすぎ」タイプの人です。

未来に何が起こるか。

当たり前ですがこの世界の誰にも、わからないことです。

そのわからないことに対して結論づけようとするのは、まったく無駄な行為でしかありません。

たとえば、来るかもしれない天災に備えるなどといった「準備」は必要です。

しかし「明日は地震が来るかもしれないから、ずっと家に閉じこもっていよう」「事故に遭うかもしれないから、今日は出かけるのはよそう」というのは考えすぎでしょう。

これでは何も行動できなくなってしまいます。

この考えすぎるタイプの人は、よくも悪くも自分との対話が多い人です。

つい考えそうになってしまったら、頭の中だけで考えるのではなく、自分の思いや考えを婚活メモに書き出してみましょう。そうして視覚的に整理されることで、少し気持ちが落ち着く場合が多々あるからです。

結婚できる人の共通点は「他人を許容できる力がある」「未来の不安を考えすぎない」という共通点があります。

3つのどれかに当てはまったのなら、今日から「結婚できる人の考え方」へスイッチしてみてはいかがでしょうか。

3年たっても結婚できなかった場合はどうする？

ちなみに、**もし3年間ガッツリ婚活をして結婚できなければ、いったんリセットしたほうがいい**でしょう。

婚活メモを見直してみて「あ、この人と結婚できたかも」と思い返すのも、自分の中で「気づき」が発見できるのでおすすめです。

その中で一度、自分に問いかけましょう。

婚活をやめるのか、続けるのか、休むのか。

いずれにしても、何かしらの決断をくだすべきです。

このときの注意点としては「惰性で続けないこと」です。

とくに強い気持ちがあるわけでもないのに、なんとなく婚活を続けちゃっている方も少なくありません。婚活にはお金も時間もかかるわけですから、私は「立ちどまる勇気を持ってください」と、対象の方々にお声がけしています。

一度立ち止まって、よく考えたうえで「婚活を続けたい」という方には、私も全力でサポートさせていただきます！

「異性としては見られない」が口癖の人に欠けている思考

「いい人なんだけど……異性としては見られない」

おつき合いをお断りする理由として、この言葉をどれだけ聞いてきたことでしょう。

もちろん、恋愛関係としてのおつき合いでしたら、その理由はすごくまっとうだと思います。

しかし、結婚相手ということでしたら、それは話がまったく別です。むしろ、結婚において「相手を恋愛対象として見ることが重要だ」と思っている、その視点に落とし穴があるのです。

こういった方は「恋愛と結婚は別」と頭ではわかっていても、おそらく本当の意味で理解できていないのでしょう。

事実「すごくいい人じゃない！」と、こちらがどんなにプッシュしても、ご本人から「でも、私、まったくその気になれません」と言われて、結局お断りしてしまうケースが数えきれないほどあります。

そんな私が、**このパターンを「本当にもったいない」と言う理由は、あとになって「断らなきゃよかった」と後悔する人をたくさん見てきたから**です。

百歩譲って20代の方であれば、まだまだ恋愛を追いかけたくなる気持ちもわかりますし、その結果もし結婚できなくても、まだとり返せる年齢です。

でも、30代になって結婚相談所のドアをたたいているのに、平然と「異性として見られない」と言えてしまう人は、残念ながら相手からも異性として見られていません。

厳しいことを言うようですが、もし「異性として見られる」本当にいい男、いい女であれば、そもそも自然と魅力的な異性が寄ってくるものなのです。

「その言い分もわかるけれど……でも私は、やっぱり好きな人と結婚したい！」

もちろん、そう思う方もいるでしょう。

現に、結婚相談所にも、自分の嗜好《しこう》と現実とのギャップに悩む方は、男女問わずたくさんいらっしゃいます。でも、それと同じくらい、自分を変えてご縁を手に入れ、幸せな結婚生活を送っている方もたくさんいらっしゃるのです。

30代で恋愛結婚を目指すのはリスキー

もう一度厳しいことを言いますが、恋愛結婚がしたいと言う方には私はこう申し上げています。

「それでしたら、永遠に素敵な異性を待ち続けるしかありませんね」
「30歳を過ぎて恋愛結婚を目指す人は、最終的に結婚できない可能性も考えておいてください」

男性であれ女性であれ、30歳を過ぎた人のもとに、彗星《すいせい》のごとく急に素敵な異性は現れません。それなら、いまいる人の中から探すしかないのです。

万が一、理想の異性が現れたとしても、その人と交際することができ、相手にも好きになってもらえて、さらには結婚できる可能性なんて、かなり低いはずです。

自分のことはもちろん、相手の都合や気持ちまでもが絡む以上、結婚を目的とした場合、恋愛は不確実なものなのです。

たとえそれが、大恋愛だったとしても、です。

実際、私は、そういう方々を何人も見てきました。

この現実に気づけるのも、そして向き合えるのも、30代だからこそです。

恋愛感覚で結婚相手を選ぶのではなく、もっと広い意味で「人として好き」だから結婚できるのは、年齢を重ねたからできることです。

どうしても恋愛結婚を目指したい方へ

もし、どうしても「恋愛思考で好きになりたい」と思うのであれば、一度、恋愛関係でおつき合いしてきた方の「好きなところ」を書き出してみてください。

そうすると「あれ、意外と好きな気持ちがあったはずなのに……？」と、かつての自分の想いがあやふやなものになっていることに気づけるかもしれません。

少し話はそれますが、女性だったら、小学生のときは「スポーツができてカッコいい」男の子を好きになりませんでしたか？

そして、中学生のときは「顔がいいから好き」となって、高校生のときは「クラスでよくしゃべって、話しやすいから好き」などと、好きという気持ちは変化してきませんでしたか？

おそらく、男性のみなさんも経験があると思います。


このことからもわかるように、**じつは「好き」という気持ちは非常にあやふやなもの**です。そんな一時の感情で、大事な結婚相手を決めなくてもいいのでは……と、個人的には感じています。

昔から「結婚はご縁」と多くの人が言ってきましたが、私も本当にそう思います。

恋愛結婚したら、必ず幸せになるとは限りません。第3の縁で結婚し、生活をともにした先に「ああ、結婚してよかった」と思うことだってあるはずです。

本当のことは、結婚してともに歩んでみないとわからないのです。

だからこそ、何回も言うようですが**「気にしすぎない」「心配しすぎない」「考えすぎない」そして「恋愛感情を求めすぎない」**で、結婚にチャレンジしてほしいと思っています。

時に「頼る技術」があなたを魅力的に変える

女性限定となりますが、ちょっと次のケースを想像してみてください。

あなたは、お見合い2回目でデートの約束をとりつけました。

待ち合わせをして「まずはランチをしよう」という話になり、ふたりで話し合っているると、彼に「場所はどこでもいいから、決めていいよ」と言われて、お店選びを丸投げされてしまいました。

さて、みなさんならどうしますか？

A　相手の言うとおり、一生懸命お店を探す
B　「そうは言われても……」と、どうしていいか迷ってしまう

C「私が決めるよりも、あなたが決めたところに行きたいな〜」と、彼にレシーブする

さて、女性にこの質問をすると、多くの方が「A」と答えます。

もちろん、それは間違いではありません。せっかくのデート。頼まれたら、一生懸命お店を探そうとしますよね。

では、モテる女性ならどうするか？

じつは「C」を選びます。

上手に甘え「しようがないなぁ〜」と男性に言わせ、自分のペースに巻き込んでしまうのです。

なかなかしたたかだな、と思いますよね（笑）。

ともあれ、私がここで言いたいのは「あざとさを出してモテよう」ということではありません。

「自分でもできるけど、あえてお願いする」というスタンスが、時に女性を魅力的に見せるということです。

独身で過ごしてきた人は、自活能力も優れています。

そのため、たいていのことは誰かを頼らずともできてしまうでしょう。

なかには「棚の組み立てや電球を替えるのはお手のもの！」なんて女性もたくさんいると思います。

しかし、ここは「できる自分をグッと抑えて、相手に頼ってみせること」が女性の魅力で、時に武器になることを覚えてください。


恋愛と結婚が違うと言われる理由の一つに、相手のいいところを見るのが恋愛で、ダメなところを見るのが結婚だ、ということがあげられるでしょう。

私は「恋愛は、相手のいいところだけとつき合っていけばいいから、楽しくフワフワとしたおとぎ話みたいなもの」と表現しています。

しかし**「結婚は相手のいいところよりも、むしろダメなところといかに向き合っていくか」**です。

そうなったときに、女性の頼ってみせるという武器は、男性に自信を持たせてあげることができるのです。

男性は「頼られたい」と思っている

最近では、女性にも経済力を求める男性が少なくありません。

そういう傾向からすると「なんでも自立していたほうがいいんじゃないですか？」という声が聞こえてきそうですが、その逆です。

男性は頼られることで自尊心を高め、さらに「頼まれたことを達成できた」という行動がインプットされ、その女性を特別な目で意識するようになります。

いろいろなところで言われている男性心理ではありますが、これは間違いないと思っています。

たとえば、先述したお店選びをお願いして、彼が決めてくれたとしましょう。

そのときには少しオーバーでも、必ず「わぁ、ありがとう！　さすがだね！」と感謝をストレートに伝えること。

「頼る＋感謝する」をセットにして男性に伝えることで、女性に好意を抱くのは間違いありません。

きっと男性の目には「かわいい女性だな」と映っているはずです。

そういった意味でも、男性はわかりやすい生き物です。

褒めてあげることで、自然と「頼られる男」に育っていくのです。

がんばりすぎず、男性に頼ったほうがいい

結婚相手というのは、お互いの足りない部分や欠点を補い合うパートナーでもあります。

よく「私は要領が悪くて……」とか「じつは家事が苦手で……」と言いつつ、自分で何でもがんばってしまう女性が多いですが、私は「ほどほどにね」とアドバイスしています。

全部自分でやろうとしないで、思い切って男性に頼ってみる、甘えてみる。

そうすることで、自分が楽な気持ちになるだけではなく、相手と積極的なコミュニケーションがとれるようになります。

その活発なコミュニケーションを通して、だんだん男性との距離を近づけていけばいいのです。

すべて自己完結させないこと。

相手に「スキ」を与えてあげることも、重要なエッセンスです。

婚活疲れ？ネガティブが引き寄せるご縁もある

誰もが一度は経験しがちな、婚活疲れ。

婚活というのは、原則として「続けるもの」ではありません。結婚という目標をかなえるために、いわば「やめること」前提で始めるものです。

それに**「婚活をすればすぐに結婚できる」と思っている方がたくさんいるからか、思いがけず長引いてしまうと、心理的な疲労感が増してしまう**ようです。

何より、仕事と婚活の両立は、思っている以上にハードなものですよね。

とくに女性は、お見合いにかける時間だけではなく、エステやネイルに通ったり、お見合いに着ていく服を選んだりといった「自分磨きの時間」もあるので、時間を捻出するので手いっぱい……という方も大勢いらっしゃいます。

しかし、結論から言えば、婚活疲れを起こしていても、結婚相手は選べます！

それどころか、**婚活疲れしたから結婚できた、という人も少なくない**のです。

ある相談者で、こんな女性がいらっしゃいました。

その女性は10年間も片思いしていたそうです。

しかし、相手にはいつまでたっても振り向いてもらえません。

やがて結婚したいと思うようになった彼女は仕方なく、36歳で婚活を始めました。

婚活をスタートしていくと、次第にあんなに想い続けた彼のことを忘れていき、ついには結婚してもいいと思える男性が見つかったのです。

そんな彼女が、結婚が決まったときに、お相手の男性からこんなことを言われたそうです。

「僕は1年半、婚活を続けてきたけど、もう婚活に疲れてたんだ。ちょうど、そんなときにきみと出会った」

女性はそれを聞いたとき、怒りも悲しみもしませんでした。

ただ「そっか、そうだったんだ」と言って、彼の正直な告白を受け入れたのです。

なぜなら、彼女にとっても、10年間片思いを続けて疲れていたときに、出会ったのが彼だったからです。

後日、彼女は「お互いそんな感じだったので、ふたりで撮ったラブラブな写真なんてないんですよ～」と、じつにあっけからんと、ケラケラ笑いながら話していました。

お互いに、ネガティブなときに出会ったからこそのご縁もあるんです。

「婚活から解放されたい！」でスイッチが入る

こういった話、それほど特別なことではありません。

「最初は乗り気じゃなかったけれど、相手のことを嫌いじゃないし。それにもう婚活に疲れちゃったから……」といって、とんとん拍子に話が進むこともよくあります。

もちろん、婚活疲れで体調に変化をきたすほどの疲労感であれば、それは休んだほうがいいでしょう。

しかし「いや〜、ちょっと疲れたなあ」と思うくらいだったら、むしろ私はチャンスだととらえています。

なぜなら「この婚活という苦しさから早く卒業したい！」というスイッチが入り、そこから「思い切って結婚する！」というパワーにつながるからです。

一見ネガティブな印象を受けた方もいると思いますが、仮にそうだとしても、始まりはネガティブなものでもいいと思いませんか？

恋愛だって友情だって、ネガティブな人間関係からスタートしたものが、思いがけず最良のものになったことは多々あるでしょう。

それは結婚でも同じことなのです。

何より、目標をかなえてやめることができるなら、結果オーライです。

岡村隆史さんに見る「きっかけさえあれば結婚できる」

もう一つ、婚活疲れのいいところとして、相手のよさに気づきやすくなる、ということがあげられます。

人間、疲れたり弱ったりしてくると、他人からのやさしさや思いやりが身に沁《し》みるものです。

このわかりやすい例が、昨年、芸能界を驚かせたおめでたいニュースです。

２０２０年10月、人気お笑いコンビ・ナインティナインの岡村隆史さんが結婚されましたね。長く独身を貫かれていた岡村さんの電撃結婚は、記憶に新しい人も多いと思います。

岡村さんの結婚相手は「たまにご飯を食べる十年来の知り合い」だったそうです。

その彼女と急接近したのは、岡村さんがご自身のラジオ番組で失言され、問題になってしまったときに「彼女が支えてくれたから」だったそうです。

つまり、彼女自身は、じつはそんなには変わっていません。変わったのは岡村さんのほうです。岡村さんの気持ちが彼女に近づいたからこそ、おふたりはゴールインできたのです。

ネガティブなことから一転「きっかけさえあれば結婚できる」という、まさに典型的なケースですね。

マイナスの出来事が、思わぬきっかけになることも

こういうケースは、私の身近にもたくさんあります。

たとえば昨年からのコロナ禍がきっかけで、ステイホームが呼び掛けられるなか「私はこのままひとりなの?」という危機感から、予定外の婚活を始められた方もたくさんいます。

また、ご親戚や家族の死を経験して「ひとりで生きていくのは不安だな」「孤独死はイヤだな」と感じたことから、婚活を始められることだってあります。

これらもみな、ネガティブなスタートではありませんか？

でも、それでいいのです。

婚活疲れも、マイナスととらえる出来事も、そのことがかえってご縁を引き寄せることがあるのですから、思っている以上に人間の心って不思議なものです。

「婚活に疲れた……」というときこそ、目の前にいる人を改めて見つめてみる。そんなきっかけにしてみませんか？

自分の欠点を認められれば、ご縁は一気に近づく

4時間目の最後に、婚活される方が「おちいりがちな傾向」についてお話しします。

あくまで私の実感ですが、婚活される方は「不幸な環境で育ってきていない」ことが多いです。家庭環境も、受験問題も、人間関係も、仕事でも、それほど深く悩んだことがないという方が多いのです。

これらに加えて「大失恋を経験したことがない」「本気で人を好きになったことがない」ということになれば、裏を返せば異性と深い関係性を構築してきた経験がない、ということでもあります。

そのため、婚活をはじめての挫折と感じ、すごく苦労されている、ということが起きてしまうのかもしれません。

自分なりに努力して、言われたとおりに婚活をがんばっているのに、なぜかご縁が見つからない……という方が少なくないのです。

こういった努力家さんの傾向として「なかなか自分の欠点や弱みを認められない」という思考が見受けられます。

それが顕著にあらわれるのが男性です。

男性は仕事の面でも、とくに弱みを見せることはありません。業務上での失敗や欠点は振り返ることがあるでしょうが、自己の内面を見つめる、ということはほとんどないのかもしれません。

そのため、つい自分の弱みを見逃しがちなのです。

自分の弱みを見つけた人から結婚できる！

男女問わず「自分の弱みに気づき、認める」のは、じつは婚活ではとても重要なポイントです。

結婚生活は助け合い、補い合いです。自分の弱みを冷静に分析し、まず自分自身が認めていかないと、パートナーに補ってもらうのは難しいでしょう。

たとえば、私は車を運転できません。ですから、この部分をわかってくれる、そしてカバーしてくれる男性だと、すごく高ポイントになるわけです。

「え、それだけ？」という人もいるかと思いますが、毎回毎回、妻の都合で車を出すのは大変なことですよね。実際、私の夫は運転ができる人なので、それだけで助かっています。

さて、みなさんはどうですか？

自分の弱みを自分が認められることで、相手によりいっそう感謝することができます。感謝できる関係って素敵ですよね。

自分の弱みを知っておくことは、すごく重要だと思いませんか？

相手のことを知る前に、まずは自分の弱みにも注目してみましょう。

「料理が苦手な私」を自覚していた女性が、逆に「料理が趣味」という男性と結婚したという、嘘《うそ》のような本当の話もあります。

ちなみに、その女性は、通勤する夫を毎朝、最寄り駅まで車で送り届けています。休日のドライブデートでも、ハンドルを握るのは妻で、お弁当をつくるのが夫だとか（夫は運転免許は持っているものの、長いことペーパードライバーなのです）。

婚活をスタートした当初、彼女は自分でも「婚活中の女性が料理は苦手って、かなり致命的じゃない？」と思っていたそうで、実際、最初のほうはなかなかうまくいきませんでした。

ですが、次第に自分の弱みを受け入れていって、だからこそ、いまの夫のことを「**ちょっと頼りないけれど、疲れていても毎日おいしい料理をつくってくれるやさしい人**」として見ることができ、結婚にいたったのです。

自分の弱みを自覚する、こんな簡単なことで結婚できちゃうんです。

ぜひ、意識してみてください。

Lesson5　Looking for a life partner

5時間目

結婚のハードルはホントに低い

私は日々、相談者からさまざまなご報告を受けます。

「これまで異性の方と毎週会うなんてこと、してきませんでした」
「婚活で、いままで着たことのないワンピースにチャレンジしてみました」
「相手の方にお土産を買っていったら、すごく喜んでくれました！」

とはいえ、こういった前向きなご報告だけではありません。

「なかなかお見合いが決まらなくて、心が折れそうです」
「うまくいっていると思ったのに、交際終了のお電話が来ちゃいました」
「相手のイヤなところが、どうしても目についてしまって……」

こういった後ろ向きなご報告も、もちろんあります。

では、**前向きなご報告をされて成婚・退会される方と、後ろ向きなご報告が続いて「婚活沼」にハマり、なかなか抜け出せない方とでは、いったい何が違う**のでしょう。

結論から言ってしまうと、それは「自分のことを知っているか否か」に尽きます。

そもそも、婚活をがんばっている方や、これから婚活を始めようとしている方は、もしかしたら、こんなイメージをお持ちではないでしょうか？

「結婚というものは、山のてっぺんにあるゴールであって、婚活で着実にステップアップしていくことで、その頂点にたどりつける」

でも、私は結婚というハードルについて、じつは「そんな高いところには位置していない」と思っています。

婚活というのは、マラソンで考えたほうがわかりやすいかもしれません。

マラソンは、長い距離を同じスピードで走り続けるわけではありません。時にペースダウンしたり、ペースアップしたりして、つねに「自分がどれくらいのペースなら走れるか」ということを意識しながら進んでいくものです。

無理に猛ダッシュしては息切れしますし、かといってダラダラと歩いてしまったら、いつまでたってもゴールできません。

自分の体力や走力に合ったペースで走ることが必要です。**婚活も「自分がどんな人間なのか」を知ったうえで進み、その延長線上に結婚というのはあるのです。**

山あり谷ありになるのは、むしろ結婚してから！

そこからお相手と一緒に、人生の山を登っていくのです。

婚活の時点で疲れてしまっては、その先はもっと疲れてしまうかもしれません。

本当のマラソンではないのですから、息切れして苦しい思いをしながら走る必要はありません。マイペースに、時にコーチ（私たちのことです）のアドバイスを聞きながら走っていけばいいと思っています。

最終章の5時間目では「じつは結婚のハードルは低い」「婚活はがんばりすぎなくていい」というお話を具体的にしていきます。

結婚というハードルが高いと感じているみなさん、もしかして、それはひとりで勝手に上げていませんか？

では、さっそく最後の授業を始めていきましょう！

友だちに「彼の愚痴」を笑って言えるなら合格

婚活を通じて知り合った方と真剣交際に入り、順調に進んで、そろそろ結婚が見えてきたとします。

そうなると、とくに女性は「本当にこの人でいいのかな？」と不安になることが多くなります。

では、結婚に踏み切る判断基準として、何をもとに見極めればいいでしょうか？

これまでもお話ししましたが、親をはじめ、ほかの人に決めてもらうのはよくありません。自分の人生、あくまで自分で決めなくてはいけませんが、その見極めポイントとしては「彼の愚痴」があげられます。

みなさんは、婚活で出会った相手のこと、誰かに話すことはありますか？

判断を委ねるような相談はいけませんが、それこそ愚痴というか、親しい友人などに軽く話すことは、当然あるかと思います。

ここでご紹介する相談者も、そんなひとりでした。

人は、ひとりでいるときは笑えないもの

ある日のこと。

「三島さん、私、彼のこと特別に好きなわけじゃないんですけど……学生の恋愛と違うし、気持ちはさっぱりしていますよ」と、36歳の相談者がやってきました。

彼女も「第3の縁」で相手を見つけ、結婚に向かって歩んでいる大事な時期。

でも、やっぱり「こんなに相手のこと好きじゃなくて大丈夫なのかな？」という不安がつきまとう、というのです。

しかし、その半面、彼女は彼のこととなると饒舌《じょうぜつ》でした。

「彼はね、意外と甘いモノが好きで、ソフトクリームを2つもペロッとたいらげちゃうんですよ！　私、びっくりしちゃったんです」

そうケラケラ笑いながら、楽しそうにあれこれ説明してくれます。悩みを相談しにきたんじゃないの？

私はそんな彼女の様子を見て、うなずきながらこう返しました。

「彼のことを特別好きじゃない、って言うけど、こうやって彼の話をしながら笑えているだけでいいんじゃない？」

「人って、ひとりのときは意外と笑えていないものなの。結婚して、ふたりでおしゃべりして笑い合えるだけで幸せ、と感じるんじゃないかな」

彼女は黙って私の話を聞きながら、深くうなずいていました。

結局、このおふたりは結婚することになり、いまは幸せな結婚生活を送っています。

ふたりで過ごす時間が増えれば増えるほど、いままで見えなかった性格や、嗜好が見えてきて、愚痴は増えてくるものです。

そして、それでまったく問題ありません！

婚活で出会った、結婚相手になるだろう人の愚痴を気軽に話せているなら、大丈夫！

それは「彼のことを話したい！」と思うくらい、彼への気持ちが育っている証拠なのです。

最終審判は「ありふれた日常」で決めていい

真剣交際が3か月くらい続くと、そろそろ聞こえてくるのが結婚の足音。

うれしい気持ちもある半面、前項でもあったように「この人でいいの？」という疑問や不安が、真実味を帯びるころでもあります。

と同時に、会員さんから「**結婚してよかったことってなんですか？**」「**結婚相手を決めるポイントってどこでしたか？**」と質問攻撃を受けることもしばしばです。

私は結婚の最終審判は、ありふれた日常から決めていいと思っています。

たとえば、次のような場面が参考になります。

・おばあちゃんにやさしく接している姿

・店員さんに「ありがとう」と言っている彼の横顔
・仕事を一生懸命がんばっている後ろ姿
・子どもと遊んでいる無邪気な一面
・ペットをかわいがっているやさしい笑顔
・ご飯をおいしそうに頬張っている満足そうな顔

電車の中でお年寄りや子どもに座席をすすめていたり、レストランをあとにする際にはスタッフさんに必ずお礼を言っていたり、テレワークで黙々と仕事に打ち込んでいたり……。


ある相談者のエピソードが印象的でした。

その相談者は、彼からは思いを伝えられていましたが、あまり乗り気ではなく、でも結婚に向けて真剣交際をしていました。

時に悩み、このまま結婚していいのかと、不安も募っていたそうです。私もいろいろなアドバイスをしましたが、それでも彼女は不安がつきませんでした。

でも、あるとき「結婚を決めました」と報告が入りました。

彼女は、どんなことで決めたのか？

それは、水族館デートに行ったときのこと。彼は、動画を撮っていたそうです。そこには、魚が泳ぐ水槽が撮られていたようですが、彼は毎日、その動画を見ているというんですって。

理由は、その動画には彼女の声が入っているから、というもの。それを知った彼女は**「こんなに思ってくれる人なら」と、結婚しようと決めた**そうです。

つまり、日常の彼の行動から、この人となら結婚してもいいと決めたのです。

大事なのは、日常を過ごす中で「この人と一緒にいると居心地がいい」「こんな顔もするんだな」ということに、自分自身で気づけることだと思います。

サプライズよりも普段の営みのほうがよっぽど大切

逆にいうと、非日常的なこと、たとえば「サプライズがあるかないか」で、結婚できる相手かどうかを判断するのはナンセンスです。

もちろん、なかには「サプライズ好きな男性」もいるでしょう。

しかし、人数としては少ないでしょうし、さらには「サプライズが得意な男性」ともなると、もっと少なくなることは間違いありません。

それに、**サプライズをしないからといって「私は特別ではないんだ、結婚相手として見てもらえないんだ」というものでもない**はずです。

女性は、サプライズが好きな人が多く、それを求めている人も少なからずいるでしょう。

しかし、男性からすると、それほど重要に思っていない人がほとんどです。むしろ婚活では、無理にサプライズを求めてギクシャクした話もよく聞きます。

そもそも、普段の結婚生活においても「サプライズをされたい！」と思うほどの女性であれば、話は別かもしれません。

ですが、**一般的な暮らしを営む日本人が結婚生活を送るうえで、サプライズの有無はまったく関係ない**でしょう。

それよりも、むしろ日常のふとしたしぐさや、行動に注目してみてください。

また、女性は男性を選ぶ立場でもありますが、逆に男性から選ばれる立場でもあります。相手からチェックされている点も考えておきましょう。

他人から見たらどうでもいいようなことに幸せがある

ご参考になれば、ということで、恥ずかしながら三島家のささやかな日常を一つご紹介します。

私と夫は、たまに素敵なレストランでご飯を食べることがあるのですが、私はフルーツが大好き。

ですが、レストランでデザートをいただいたあとだと、スーパーはたいてい閉まっているので、コンビニに寄ってフルーツを選ぶのが、私たちのいつものコースです（もちろんコロナ前の話ですが）。

といっても、コンビニに置いてあるフルーツの種類なんてたかが知れています。そこで私は、夫とよくこんな会話をすることになります。

私「フルーツ、バナナしかないなら、フルーツヨーグルトにしようかな」
夫「そうだね。買ったら？」
私「え〜、でも138円だよ！　ドンキなら98円なのに。どうしようかな？」
夫「どうしようじゃないよ（笑）。早く買って帰ろうよ！」

なんて、ノロケのつもりではないのですが、こうやって見ていると我ながらバカバカしいですよね（笑）。

でも、私自身は、こういう日常があることに、すごく充足感を覚えます。

素敵なレストランに行くかどうか、そんなことは大切なポイントじゃないのです。

他人から見たらどうでもいいような、そんな日常会話を楽しむことにこそ、幸せがあると思っています。

そんな小さな幸せに気づいてほしい、そんな小さな幸せをふたりで共有できるのが、結婚のよさだなと感じています。

「そんな短期間じゃ決められない」というあなたへ

婚活をサポートしていると、相談者からこんな質問を受けます。

「たった数か月じゃ、相手のことがわからないですよね？」

「ちょうど3か月ぐらいが、いちばん盛り上がっているときだから、相手の本性がわからないじゃないですか？」

私が「1クール半年で決めましょう。実際にはその半分、3か月でも全然大丈夫ですよ」などと言うと、よくこう返されるのですが、この質問に同感したあなたに聞きます。

そもそも結婚って、相手のことを全部知ってからするものなのでしょうか？

仮に3年つき合ったとして、相手の本当のところって見えないと思いませんか？

交際しているときは、その相手のことって一部分しか知らなかったり、わからなかったりするものです。

こんな例があります。

7年つき合って結婚して、たった1年で離婚した知人がいました。

離婚した理由は、男性が交際中から出会い系サイト依存症で、結婚してからも浮気相手を探していたからです。

それが発覚したのが、結婚して1年目でした。

しかも、このふたり、高校時代から親公認で7年間交際していたのです。

それでも、彼の本当のところを知ることができていませんでした。

これは極端な例かもしれませんが、これだけ交際していても相手のことなんてわからないのです。

そう考えると、つき合った期間が長ければいいものではない、ということがわかると思います。

他人のことは、たとえ結婚してもわからない

そもそも人の本性や本質って、見極められると思いますか？

私はそう簡単にはできないと思っています。

自分が幸せなときに、人にやさしくできるのは当たり前のこと。それもできない人は問題外だとしても、**だいたいの人は、自分の調子がいいときには、人にもいい顔ができるでしょう。**

自分が危機におちいったときに出てくる顔が本性であり、それがいつ出てくるかなんてわかりません。ましてや、それを交際期間中に見極めるなんて、絶対にできないと思います。

つまり、見極めようとすれば、結婚はできないのです。

私が相談者によくする話です。

「人のことなんかわかりません、一生わからないと思います。実際、結婚したってわかりません。ただ、夫婦になったのならば、相手を理解しよう、わかろうと努力する姿勢が大切なだけです」

この話をすると、なるほどとうなずいてもらえます。

男女とも、相手のことなんて、全部は理解できないものです。

だから「全部知らなきゃ」と思わずに結婚を決めましょう。

相手の全部を知らなきゃ結婚を決められないなら、もう永遠に結婚できません。

どうしても不安な方は、1時間目にある「結婚相手を見極める5つのポイント」だけはチェックしましょう。

私と夫は、いつもこんなことを話しています。

「価値観なんて一緒なわけがない、相手のことなんて一生わからない」

たとえ、一生添い遂げたとしても、相手の本当のところは知ることができないし、理解できないのだと思います。逆に、理解できると思っているほうが過信であり、傲慢《ごうまん》と言えるかもしれません。

何度も言いますが、大切なことは、相手を理解しよう、わかろうと努力をすることなのです。

「暇だから結婚した」くらいでちょうどいい

私は結婚して、夫と時には喧嘩《けんか》もしながらも、にぎやかな結婚生活を送っていますが
ましてや、結婚するときも「添い遂げなきゃ！」なんて思っていませんでした。

「この先も一生、夫と添い遂げたい」とも思っていません。

そもそも、この先のことなんて誰にもわかりません。

未来が見えたら、エスパーでしょ！

自分を過信しないことです。

結婚生活を続けていくには、ただ、いまの幸せに感謝し、積み上げていくほかないのです。

ただ、**婚活を続けていると、自然と結婚そのものが神聖化されていく**ようです。すなわち「結婚相手とは一生添い遂げなければならない」「相手を尊重して、いつでもいい夫婦関係を築いていかなければならない」と思い込んでしまうのでしょう。結婚へのハードルを異様に上げています。

「添い遂げたい」ではなく「添い遂げた」が正しい

こう考える人の多くが、ご両親からの影響を少なからず受けています。自分の親が離婚せず、ずっとふたりで一緒に過ごしている。まさに「添い遂げている」形に見えます。

そういう環境で育ってしまうと、自然と「自分もそういうふうにならなければ」と思うのでしょう。

しかし、両親と、ご自身は違います。

ましてや、時代背景もまったく違います。

現代に合った考え方、そしてがんばりすぎずに等身大の自分で結婚生活を送ったほうが、不要なストレスを受けずにすみます。

もし「私にもこのようなバイアスがかかっているな」と感じたら、いますぐその思考は外してしまいましょう！

結婚生活は、当たり前ですが相手ありきのもの。自分だけが意気込んだところで、どうにかなるものではありません。

まずは結婚してもいいと思える人に出会うこと。

そこからスタートして、いくつもいくつもいろんな楽しいこと、大変なことを積み重ねた結果、気づいたら数十年一緒にいた……でいいのです。

「添い遂げる」という形は、そうしたいという目標でも願望でもなく、そうなったという結果なのです。

目標を立てるのではなく、「いま」を充実させること。

結婚生活は、もしかしたらその大切さを教えてもらえるものなのかもしれません。

話し上手より「沈黙上手」の男性のほうがうまくいく

「彼との会話が盛り上がらないんです」とか「彼があまりしゃべらなくて……」という相談もよくされます。

どうやら、結婚後の「会話のない暗い家庭」を、つい想像してしまうようですね。

でも、大丈夫です。

私は、年に数回、友人夫婦や親戚夫婦に会って、食事しながらワイワイ話す機会があるのですが、そのとき、じ〜っとよく夫婦を観察していると、次の2つのタイプが多いことがわかります。

①夫はもっぱら聞き役

②夫婦のあいだではそんなに話していない

「妻側がもっぱら聞き役」や「夫婦間でよく話す夫婦」というケースは、あまりないのです。

もっとも、これは珍しいことではありません。

みなさんも見かけたことがありませんか？

たとえば「ファミレスでほとんど会話することなく、黙々と食事をしている夫婦」や「電車で隣同士に座っていても、お互いスマホをし合っている夫婦」なんか、その典型例でしょう。友だちのように活発な会話をしている夫婦って、実際にはあまり見かけないと思います。

そもそも、男性は話し上手じゃない人が多いもの。むしろ「ムダ話は嫌い」という男性も珍しくありません。

「話のおもしろい人が好き」という女性は多いですが、その時点で、じつはかなり理想が高いと言えます。

そして「そう望んでいるあなた自身は、話し上手なの？」とも思います。

男性は「目的があれば話す」生きもので、女性は「話すことが目的」という生きものだそうですので、これは「男女の違い」と割り切ったほうがいいでしょう。

男性から無理に会話を引き出さなくてもいい

もちろん、おもしろい話を次々と披露して、女性を楽しませてくれる男性もいます。ただ残念ながら、そういう男性は、すでにほかの女性にゲットされていることが多いので、ほとんど婚活市場に出てきません。

「え〜、私もそういう男性と出会いたいです！」と思われたかもしれませんね。

ですが、不思議なことに、**独身時代はおもしろくて多弁だった男性も、結婚すると落ち着いてくることが多いので、いずれにしても「男性は聞き役」という位置になることが多い**ようです。

ですから、いずれにしろ「彼と一緒にいても話が続かないんですけど……」という悩みは、むしろ普通のことなのです。

男性は思いのほか、おしゃべりが苦手なことも覚えておきましょう。

そもそも、**プライベートで話がおもしろい男性というのは、話し上手ということよりも、相手との共通点を見つけることが上手という人が多い**のです。

「彼が友だちと電話したとき、いつもと違ってよくしゃべるのでびっくりした」という女性も少なくないと思いますが、それは友だちと共通の話題があるから。好きな趣味の話や学生時代の思い出話なら、男性だって話せるでしょう。

一方、お見合いで出会った場合、共通の話題なんてほとんどありません。そんななかで、話が盛り上がるほうが珍しいと言えます。

それよりも大切なのは、沈黙をうまくやり過ごせるかどうかです。一緒にいても、沈黙が気にならない居心地のいい相手のほうが、結婚に向いていています。

結婚相手を決めるときは「よく話す男性」よりも「沈黙でも気にならない男性」をポイントにしましょう。

とくに男性は、結婚前まではがんばって会話してくれていたけど、結婚したら無口になる人もいます。

それを「自分に冷めてしまったからだ」と勘違いしないことです。

男性から無理やり会話を引き出すのは、ナンセンス。

もし、どうしてもおしゃべりがしたくなったら、そのときは女友だちとするようにしましょう！

蕁《じん》麻《ま》疹《しん》が出るほどだった結婚生活が、いまでは幸せの不思議

5時間目の最後は、婚活で縁をつかんだ裕美さん（仮名）という女性をご紹介したいと思います。

「結果だけ見ると、好きな人と結婚したわけじゃないんです（笑）。だけど私は、いまがいちばん幸せですね」と言い切る裕美さんのお話は、みなさんにも大いに参考になると思います。

裕美さんが当結婚相談所に来たのは、32歳になる1か月前のことでした。

彼女は、ずっとプライベートで大好きな人がいました。しかし、その彼とはなかなか会えずに、それ以上の進展が望めない関係だったのです。

でも、彼女はどうしても結婚がしたい。そのジレンマに苦しんでいました。

事情を理解した私は「まずお見合いを始めてみましょう！」とすすめてみました。

「1か月でもいいから婚活して！　行動してみて！」という私の熱意にスイッチが入り、そこから裕美さんは半年間、仕事はあと回しでお見合いに集中しました。

私の提案は「月に3件のお見合い」です。

当時を振り返って、裕美さんは次のように語ってくれました。

「正直、月3件お見合いするのは体力的にきついな、と思うこともありましたね。とにかく最初の半年間は〝求められる自分〟を演じることにしたんです。いわゆる男性ウケがよい女性ですよね。フェミニンな服、メイク、しぐさ、満面の笑み……徹底的に演じました（笑）。自分を出せない、というつらさも少しあったかなと思います」

告白された彼に伝えた2つの条件とは？

お見合いと並行するように、裕美さんは仕事関係の人から、少し年下の男性を紹介されます。

1回目に一対一で会ったあと、2回目はクリスマスのイルミネーションを見るべく、遊園地でデート。

その日に、裕美さんは「つき合おう」と告白されます。

しかしこのときになっても、まだ彼女の気持ちは、大好きな人にあったのです。

なかなか彼からの連絡はなく、それでも「連絡、来ないかな……」と、大好きな人からの連絡を待っている状態でした。

さらに、お見合いも同時並行して続けていた時期です。

とはいえ、いま目の前で男性から告白されています。クリスマスに時間を割くくらいですから、当然、裕美さんもこの男性を嫌いではありません。

ただ、好きでもないので（なんせ絶賛片思い中なのです）、彼女は悩みました。

そこで彼女は、ある重要な決断を2つ彼に伝えます。

1つ目は、結婚前提でつき合ってほしい、ということ。

2つ目は、半年以内に結論を出してほしい、ということ。

32歳になっていた彼女にとっては、冷静にいまの自分を見つめたうえで出した答えでした。

彼は一瞬戸惑ったものの、これを了承。

「その代わり、週2回ペースで会ってほしい、それで結婚するかどうか見極めたい」との申し出があったのです。

こうして、裕美さんと彼との交際が始まりました。

余韻を持たせて別れることを意識

裕美さんは、この時期を次のように回想してくれました。

「告白されてからは、とにかく集中的に会うようにしました。そのとき意識して気をつけたのは、会っている時間が楽しくても切り上げて、余韻を持たせることです。お泊まりも控えめにしていました。彼が私のことがよくわからないくらいでちょうどいい、と思っていたんです」

裕美さんは「結婚と恋愛は違う」と、冷静に相手を見極める期間を過ごしたのです。

そして、運命の半年後6月25日に、彼女はプロポーズされました。その後、8月に入籍。出会ってからスピーディーに結婚を決めたのです（ちなみに、大好きだった人にも結婚を報告したそうです）。

「え、そんな簡単に結婚しちゃって大丈夫？」「それで結婚生活は大丈夫なの？」と思った方もいるかもしれませんね。

しかし、ここで話は終わりません。

婚活中に出せなかった「素の自分」を出せずに……

同年10月1日から一緒に住むことになった裕美さん夫婦。そこで、裕美さんの心身に、ある変化が起きてしまいました。

このときのことを、裕美さんは次のように振り返っています。

「それまで素の自分を出していなかったんですよね。いつもにこにこ機嫌がよくて、リアクションが大きい、キラキラした自分を演じていました。だけど、本当の自分はそうじゃありません。気が強くて、サバサバしている本当の姿をどこで出そうかと、悩んでいたんです」

一緒に住んでみたものの、素の自分を出せないストレスから蕁麻疹が出たり、体調を崩したりすることもありました。**どうしてもつらいときは実家に帰るなどして、新しい生活になんとか慣れようとしたのです。**

ほどなくして裕美さんは妊娠。結婚の翌年7月に、待望の赤ちゃんが生まれます。

「夫は、子どもが生まれるのを本当に楽しみにしていたんです。だからきっと、子煩悩《こぼんのう》だろうなって（笑）期待していたんです」

いざ産んでみると、予想をはるかに上回る子煩悩ぶりだった夫を見て、彼女は本当に安心したそうです。

その2年後、今度はふたり目を出産。そこで、彼女の心境に大きな変化が訪れます。

「夫のパパになった姿を見て、私はこの人のこと、好きなんだなと感じました。素の自分を出せたのは、ふたり目を出産したあとです。いまは自分らしさを出しても、夫は受け入れてくれています。時間はかかってしまいましたが、いま本当に幸せです！」

そう言って、笑顔を見せてくれました。

いま、彼女は実家の助けも借りながら、仕事も子育ても楽しんでいます。

「第3の縁」を見つけて幸せをつかもう！

裕美さんは、こんなことも言っていました。

「昔の人は、お見合いで幸せになれていたんですもんね。私たちだって、それができないわけがない！」


人間には、人を受け入れる許容力というのが備わっているのだと思います。

その力さえあれば、出会ったときの感情は、じつはそれほど重要ではなく、一緒に暮らしていく中で、愛情は育てられるし、実際に育っていきます。


何度もこの本に出てくる「第3の縁」。

じつは、昔の方は、意識することなく、これをつかんで幸せをつくってきました。

いま、この本を読んでくださった方には、改めて「第3の縁」というものがあるということを知ってほしいし、あなたのまわりに「第3の縁」はあって、それに気づけていないだけだと知ってほしいのです。

誰にでも幸せになれるチャンスがあるのに、それに気づけないことによって、幸せになれていない、ずっと婚活を続けている人がいます。

たとえば、ずっと恋愛感情を求めながら、3年婚活して結婚できていない方がいるとしましょう。

でも、ある方は1年の婚活で「第3の縁」を見つけて、結婚して2年経過しているとしましょう。

どっちが幸せだと思いますか？

恋愛感情を優先している人は、ずっと生活が変わらないまま、年齢を重ねています。

かたや「第3の縁」をつかんで早々に結婚した人は、夫婦となり、子どもを授かったりして、違う景色を見ています。

その結婚だって、すべてが幸せになっているとは限りません。でも、独身よりは、確実に違う景色を見ています。

それは、自分にとって、マイナスに働いてはいません。

もし、マイナスになってしまっても、そこから、人生をまた変えていけるチャンスがめぐってきます。

人生で経験したことは、自分の肥やしになることだけは確かです。

あなたは、いつまで、同じ場所にとどまっていますか?

ぜひ、「第3の縁」を見つけて、みなさんにも幸せをつかんでほしいと、心より願っています。

あとがき

私は「結婚して幸せですか？」の問いかけに、「いまは幸せ」としか答えません。

結婚とは、あなたが幸せになる力があるかを試すもの。結婚したからといって、簡単に幸せを手に入れられるわけではありません。幸せになれるかを、つねに試されているからです。

いま幸せでも、明日どうなるかはわかりません。

ですが、家族を得ることで、人は日々「がんばろう」というポジティブな気持ちになれるのは間違いないでしょう。長い人生、自分のためだけに生きるのもしんどくなってきます。

人のために生きたい、家族のために生きたい。

今年になって入会した女性が、面談で涙を流しました。

ご両親が亡くなり、兄弟もいない天涯孤独。友だちはいても、友だちは友だち、家族とは違います。心細いし、日々何気ない、他愛もない会話ができる相手がほしい、と切に願っていました。

私は、彼女に家族をつくってあげたい、救ってあげたいと思いました。

婚活を通して、結果的に「私は結婚しなくていい」という選択をされる方も実際いらっしゃいます。それで納得されるのなら、婚活をやめてもいいと思います。

ただ、万が一、結婚にいたらなかったとしても、婚活という経験は貴重な財産となるはずです。人とのかかわり方や頼り方、人を受け入れることはもちろん、さらに自分自身と向き合い、自分の弱さを把握すること……これらすべてが「今後の人生に役立つ学び」だからです。

また、結婚を決断したものの、やっぱり無理だと判断したら、そのときは離婚するという道もあります。婚活にたずさわっている人間らしからぬ発言かもしれませんが、私は「無理に結婚生活を続けるよりはいい」と考えています。

やらない後悔より、やる後悔。そんなチャレンジングな精神が、きっとみなさんの幸せのドアを開いてくれるはずです。

最後に、2冊目の出版に際して、協力してくれたスタッフ小原万奈さん、取材協力してくれた元会員さま、いつもいろいろな方に力を貸していただき、感謝の気持ちでいっぱいです。

そして、いまとなっては「第3の縁」で結ばれ、大好きになった夫へも感謝を忘れずに。

結婚したい人が結婚できるように、心からみなさんの婚活を応援して、ここで筆を置きたいと思います。


婚活分析アドバイザー・婚活初心者専門コンサルタント　三島光世

読者プレゼントのお知らせ

LINE登録で婚活支援

婚活初心者専門コンサルタントとして、みなさまの婚活を全力で応援させていただきますので、ぜひLINEにご登録ください。お役立て情報やお得な情報を配信していきます。

LINE特典として、婚活悩み相談**【ZOOM 90分（10,000円）】からの割引案内**をします（2021年10月末日まで）。

また、定期的に都内・名古屋で開催している『失敗しない婚活1dayセミナー』のご案内もさせていただきます。
婚活初心者が知っておくべき婚活ノウハウを1日でお伝えしますので、ぜひ楽しみにお待ちくださいね！

YouTubeでも婚活フォロー

【最短婚】細かすぎる婚活初心者アドバイスチャンネル
https://www.youtube.com/channel/UCxl2UeRvoa-c3GZaAC38Cgw

婚活初心者さんのために動画を発信しています。
こちらもチャンネル登録してお楽しみください！

三島光世（みしま・みつよ）
婚活分析アドバイザー、婚活初心者専門コンサルタント。株式会社ヒカルヨ代表取締役社長、結婚相談所 ganmi・異業種交流会・セミナー事業運営、恋愛ユニバーシティ相談カウンセラー。婚活界注目のアドバイザーとして、婚活業界歴 16 年、成婚数約 400 組。2020 年からは「婚活初心者専門コンサルタント」としても活動を開始する。独自な視点が注目され、NHK・TBS・フジテレビ・テレビ朝日やネット TV をはじめ、ラジオ、雑誌、新聞などといった各種メディアに出演・執筆多数。
著書には『『普通』の結婚が、なぜできないの？』（WAVE 出版）がある。

『悩める婚活者のための参考書ブログ』
https://ameblo.jp/konkatsu-syoshinsya/

婚活《こんかつ》は「がんばらないほうが」うまくいく
大切《たいせつ》なご縁《えん》を最速《さいそく》で形《かたち》にする成婚塾《せいこんじゅく》

発行日　2021年　5月15日　　第1版第1刷

著　者　三島《みしま》　光世《みつよ》

発行者　斉藤　和邦
発行所　株式会社　秀和システム
〒135-0016
東京都江東区東陽2−4−2　新宮ビル2F
Tel 03-6264-3105（販売）Fax 03-6264-3094
印刷所　三松堂印刷株式会社　Printed in Japan

ISBN978-4-7980-6231-0 C0095